Genre
et développement

Analyse de la place des femmes
Une expérience au Sahel

PROGRAMME
ACOPAM

Le programme ACOPAM « Appui associatif et coopératif aux initiatives de développement à la base » renforce la capacité des populations, hommes et femmes, à initier ou consolider des processus de développement durable. A travers ses activités, ACOPAM contribue à la lutte contre la pauvreté extrême, à l'autosuffisance et à la sécurité alimentaire, à la lutte contre la désertification et à l'amélioration de la productivité.

L'action d'ACOPAM est centrée sur la formation et l'organisation des producteurs ruraux. Les domaines concernés sont multiples. Ils ont trait par exemple à l'autogestion des terroirs, des périmètres irrigués, des banques céréalières, des marchés de coton ou de systèmes d'épargne/crédit villageois. ACOPAM appuie directement les populations rurales au Burkina Faso, au Mali, en Mauritanie, au Niger et au Sénégal. A partir d'actions test sur le terrain, ACOPAM produit des outils méthodologiques validés qui sont diffusés auprès de différents acteurs du développement rural.

ACOPAM est le fruit d'un partenariat actif entre les pays sahéliens, la Norvège et le Bureau international du Travail.

Programme BIT-ACOPAM   Téléphone : (221) 24 58 84
BP 414   (221) 24 57 38
Dakar   Fac-similé : (221) 25 29 40
Sénégal

Genre
et développement

Analyse de la place des femmes
Une expérience au Sahel

Bureau international du Travail

ISBN 92-2-209976-1

Première édition 1996

Imprimé au Sénégal

Avant-propos

Depuis plusieurs décennies, de nombreuses recherches ont mis en évidence la situation socio-économique précaire des femmes en général et des femmes rurales sahéliennes en particulier.

L'exigence de soutenir la participation des femmes au processus de développement a été reconnue par l'ensemble des gouvernements africains comme un objectif national de nature économique et sociale, une priorité dans la lutte contre la pauvreté et la dégradation de l'environnement. Elle est désormais considérée comme une exigence majeure pour faire face à la crise socio-économique que traverse le continent.

Le Plan d'Action de Lagos de 1980, adopté par les Chefs d'États africains [1] et le Programme Prioritaire pour le Redressement Économique de l'Afrique [2] ont recommandé la pleine intégration des femmes dans les efforts de développement et la suppression des entraves limitant cette participation. Par la suite, la Déclaration de Khartoum, en 1988, a vivement préconisé qu'une attention particulière soit accordée aux questions de genre (féminin/masculin) dans la conception des programmes d'ajustement structurel.

Les diverses évaluations des expériences menées pour une meilleure intégration des femmes au processus de développement ont relevé la nécessité de définir des stratégies et des méthodologies nouvelles pour améliorer la planification, la mise en oeuvre, le suivi et l'évaluation des initiatives de développement, pour mieux déterminer la contribution des femmes, leurs besoins spécifiques, en vue de maximiser leur apport au processus de développement national.

Ce besoin a conduit, vers les années 1980, à la définition et à la mise en oeuvre progressive d'une nouvelle approche dite « Genre et Développement » (GED), résultat d'une évolution dans la conception et la pratique du

---

[1] Organisation de l'Unité Africaine : Plan d'Action de Lagos pour le Développement Économique de l'Afrique (OUA, Addis-Abéba, 1980).

[2] Organisation de l'Unité Africaine : « Programme Prioritaire pour le Redressement Économique de l'Afrique, adopté par la quinzième session du Conseil des Ministres de l'OUA » (OUA, Addis-Abéba, 1989).

développement qui prend en compte l'exclusion des femmes, mais aussi la nature de leurs relations avec les hommes.

L'approche GED est un cadre d'analyse pour l'action. Elle permet l'étude des relations entre les femmes et les hommes d'une communauté, les effets de celles-ci sur le processus de développement, les facteurs qui les reproduisent ou les modifient et les possibilités d'action existantes.

Une telle approche permet de prendre conscience des particularités, des similitudes et des disparités qui existent entre les femmes et les hommes, d'analyser leurs relations complexes et évolutives, considérées comme variable socio-économique importante de toute action de développement.

Sur le long terme, l'approche GED recherche une participation égale entre les femmes et les hommes dans les prises de décisions et la détermination collective du processus de développement de leur communauté. Elle vise un développement plus juste et plus équitable entre les femmes et les hommes, mais également, à l'intérieur d'une même collectivité, entre les différents groupes socio-économiques.

L'approche GED est relativement nouvelle. Sa mise en oeuvre exige de la plupart des structures de développement une nouvelle orientation de leurs stratégies et l'acquisition, par leur personnel, de nouvelles connaissances et compétences. Elle assigne également aux populations un rôle nouveau et une responsabilité accrue dans les actions qu'elles conduisent avec les intervenants extérieurs.

Le programme ACOPAM a entrepris des actions pour améliorer la situation des femmes dans ses zones d'intervention. Ces actions ont été déterminées avec les femmes dans le cadre d'une approche GED. Le présent document rend compte de ce travail, en fournissant des indications sur la méthode d'analyse employée, la place des femmes dans les sociétés sahéliennes où les enquêtes ont été menées et sur les principales actions proposées suite à cette analyse.

Ce document s'adresse à tous les promoteurs du développement : décideurs politiques, responsables des structures nationales et internationales et personnels de terrain. Bien que fruit d'une expérience menée au Sahel, l'étude présente une méthodologie et des résultats susceptibles d'intéresser d'autres régions du monde.

Table des matières

Table des figures et tableaux

Introduction générale

Dans son objectif de lutte contre la pauvreté, le Programme ACOPAM a mis un accent particulier sur le renforcement de la participation des femmes au processus de développement. Il intervient dans les pays du Sahel qui, classés parmi les plus pauvres au monde, ont une population très jeune, en majorité féminine, vivant encore largement dans le monde rural, malgré l'urbanisation accélérée.

L'économie des pays considérés, essentiellement basée sur les activités agricoles et pastorales, a été largement affectée par les années de sécheresse et la détérioration progressive de l'environnement. Cette dégradation a eu des effets négatifs sur l'emploi, amplifié les phénomènes de migration — principalement masculine — modifié la structure de la population active et accru la pauvreté.

Pour faire face à la crise économique et sociale, les gouvernements ont adopté des programmes d'ajustement structurel qui visent à rationaliser leurs politiques budgétaires et monétaires. La mise en oeuvre de ces programmes conduit à réduire les dépenses de l'État dans les secteurs sociaux, tels que ceux de la santé et de l'éducation dans des pays où l'accélération des mutations sociales et des changements politiques a provoqué des modifications structurelles et institutionnelles non négligeables.

Dans ces pays sahéliens, les femmes ont, de tout temps, joué un rôle prépondérant dans l'organisation économique et sociale. Les sociétés traditionnelles sont marquées par un système patriarcal et une division du travail réservant aux femmes de multiples rôles dans les domaines reproductif, productif et communautaire.

En zone rurale, l'introduction des cultures marchandes, la crise des économies traditionnelles et la détérioration de l'environnement ont eu des effets importants sur la division du travail et la répartition des tâches au sein de la famille et de la communauté, le contenu et la nature des responsabilités, les rapports économiques et marchands. Il en a résulté un élargissement du rôle économique des femmes, une augmentation de leur charge de travail, un accroissement de leurs responsabilités familiales, une perception nouvelle de leur potentiel politique et social et malheureusement, une accentuation de leur pauvreté.

Bien que les gouvernements et les organisations déploient des efforts certains pour considérer et renforcer la participation des femmes au processus de développement, leurs activités économiques restent encore largement sous-estimées quantitativement ou qualitativement. La complexité et l'étendue de leur rôle ne sont pas réellement prises en compte dans la planification tant sectorielle que nationale. En effet, bien que contribuant largement aux revenus familiaux, à l'économie rurale et donc à l'économie nationale, le travail des femmes est peu reconnu ; sa mesure et son évaluation sont minimisées. Les statistiques nationales, même agricoles, ignorent ou font peu référence à l'activité des femmes.

Il est vrai que la situation de la femme varie selon son pays, sa région, son ethnie, son âge, sa religion... en revanche, partout sa contribution augmente, ses charges s'intensifient, ses fonctions économiques s'accroissent.

En dépit de ces apports importants, le statut social de la femme demeure peu favorable. Nonobstant ses multiples obligations, celle-ci n'a que peu de droits et ne bénéficie pas encore de concours significatifs pouvant valoriser son travail et renforcer ses capacités. Les barrières juridiques, culturelles et sociales, sa faible participation aux prises de décisions et à la formulation des politiques nationales sont autant d'obstacles à son implication adéquate dans le processus de développement.

Pourtant, malgré cette situation de dépréciation de leurs conditions de vie et d'infériorisation de leur statut, les femmes du Sahel font preuve d'un esprit d'initiative, d'un enthousiasme et d'une capacité réelle à surmonter les limites qui leur sont imposées.

Individuellement et/ou collectivement, elles développent des stratégies pour remplir les obligations, les responsabilités et les tâches de plus en plus importantes qui leur incombent quotidiennement. Lentement, mais sûrement, elles se libèrent de leurs entraves et prennent de nouvelles directions.

Mais comment soutenir de tels efforts dans l'ensemble du processus de développement ?

Les organismes d'appui au développement rencontrent souvent des difficultés pour prendre en compte l'objectif de participation des femmes dans la formulation, la planification, l'exécution, le suivi et l'évaluation des programmes de développement. Nombre de ces difficultés sont liées à la nécessité d'avoir des données et des informations différenciées sur le rôle et les responsabilités des femmes et des hommes dans la communauté.

L'approche GED, prenant en compte les inter relations des différentes catégories sociales — celles entre les femmes et les hommes en particulier — permet de situer les femmes dans leur environnement socio-économique, de mettre en évidence l'importance de leur rôle ainsi que les discriminations et contraintes qu'elles subissent. C'est une démarche importante dans la mise en oeuvre d'actions de développement qui tiennent compte autant des spécificités propres à chacun que des complémentarités et/ou des similitudes entre les groupes de la population.

L'utilisation des différents outils du « genre » fournit des données systématisées par catégorie de population et ventilées selon le sexe. Cette vision globale de la communauté permet alors d'agir pour améliorer les conditions de vie et assurer une participation plus grande de la population, plus spécifiquement celle des femmes, en vue de transformer les rapports socio-économiques. Le renforcement des capacités de négociation, de prise de décision de tout un chacun, permet une répartition plus juste et plus équitable du pouvoir, visant un développement égalitaire et durable.

Cette participation juste et équitable des femmes est conforme aux recommandations du Bureau international du Travail (BIT) sur « l'égalité des chances et de traitement pour les femmes et les hommes », également formulées dans le « Plan d'Action pour l'Égalité de Chances et de Traitement des Travailleurs et des Travailleuses ». Ce Plan d'Action précise que « ...pour contribuer à l'amélioration de la condition de la femme et au processus de développement global, le programme de coopération technique de l'Organisation internationale du Travail (OIT) constituera, comme par le passé, un instrument pratique et important pour promouvoir l'égalité des chances et de traitement entre les travailleurs et les travailleuses en matière d'emploi. Une attention particulière sera accordée au renforcement et à la multiplication des projets destinés spécifiquement aux femmes mais aussi à la promotion de la pleine intégration des femmes aux projets à caractère général »[1]

---

[1] Cité dans BIT : « Ouverture sur l'égalité des chances. Stratégie destinée à renforcer la participation des femmes dans les projets de coopération technique » (BIT, Genève, 1992).

Ces recommandations ont été prises en compte par le Programme ACOPAM qui a cherché à accroître l'impact de l'ensemble de ses activités auprès des femmes. Pour ce faire, le Programme a conduit une analyse de la situation des femmes dans huit de ses zones d'intervention situées au Burkina Faso, Mali, Mauritanie, Niger et Sénégal [2] ; pays présentant des caractéristiques communes [3]. Cette analyse a été menée à l'aide d'une méthodologie utilisant une approche GED.

La méthodologie utilisée pour la collecte et l'analyse des informations sur les relations entre les femmes et les hommes est exposée dans la première partie du présent document. Cette méthodologie, bien que conçue pour servir dans les zones ciblées, peut être mise à profit dans d'autres contextes.

La seconde partie présente la place des femmes dans le processus de développement, telle qu'elle ressort de l'analyse des résultats des enquêtes. Elle aborde la place des femmes dans la division du travail, leur contribution économique, leur position sociale et leur participation dans les projets de développement.

Pour finir, quelques recommandations sont formulées pour une amélioration des conditions de vie des femmes, un renforcement de leur capacité et une évolution de leur situation afin qu'elles participent pleinement et profitent, en égalité avec les hommes, des retombées positives du processus de développement.

Le présent document ne fournit pas des informations « exceptionnelles ou insolites » sur les femmes du Sahel ; il met en exergue leur vécu, les contraintes et les difficultés qu'elles rencontrent, leur subordination... ; mais aussi et surtout, leur courage, leurs capacités et leurs talents à se surpasser pour remplir des tâches et des obligations de plus en plus lourdes.

Il confirme, si besoin est, la déclaration de l'Assemblée Générale des Nations Unies qui, en 1977, faisait remarquer « qu'un pays ne peut atteindre un développement intégral et total qu'avec la pleine participation des femmes, sur une base d'égalité avec les hommes ».

---

[2] Voir annexe 1 : Localisation des zones d'enquête (cartes).

[3] Voir annexe 2 : Caractéristiques démographiques et économiques des pays des zones d'enquête.

PREMIÈRE PARTIE

MÉTHODOLOGIE D'ANALYSE DES RELATIONS FEMMES/HOMMES DANS LE DÉVELOPPEMENT

Introduction

La méthodologie élaborée pour l'organisation et la collecte des données se base sur l'approche GED. L'importance accordée à l'appartenance à un « genre » est motivée par la reconnaissance des différences socio-culturelles déterminées par la communauté en fonction de ses propres valeurs ; les relations entre les femmes et les hommes n'étant ni universelles ni statiques.

Cette différenciation a une influence et un impact réel sur le processus de développement socio-économique en général et sur les actions de développement en particulier. Les femmes et les hommes, s'ils participent tous au processus de développement, mènent des activités économiques et sociales différentes, ont des sources distinctes de revenus et un accès inégal aux ressources et aux bénéfices [4] de la communauté sur lesquels ils exercent un contrôle différencié.

L'approche GED permet de prendre en considération, à l'intérieur de la communauté, les différents rôles et responsabilités des uns et des autres. Elle reconnaît la complexité et le jeu des forces sociales, environnementales, culturelles, économiques et politiques et s'intéresse à tous les aspects de la vie de la collectivité, afin de mieux en comprendre la dynamique. Elle analyse les relations de pouvoir entre les femmes et les hommes et leur impact sur le développement. Enfin, l'approche GED vise la transformation sociale afin que tous les groupes socio-économiques participent pleinement et de façon égale au processus de développement de leur milieu, tant en ce qui concerne les efforts à fournir qu'en ce qui a trait à la distribution des bénéfices qui en sont issus.

La « Grille d'Analyse » est l'outil principal qui a servi à la collecte et à l'organisation des informations. Destinée à soulever et à explorer les questions de genre, elle détermine le type de données à collecter dans les zones d'intervention et permet leur analyse.

---

[4] Le terme « bénéfice » est ici employé au sens large. Il peut signifier aussi bien un gain, un profit, un revenu, un avantage ou un résultat.

1

La grille d'analyse

La grille d'analyse est conçue comme un cadre général et flexible, capable de donner une approche commune dans la recherche et l'exploitation des données provenant de chaque zone d'intervention. Elle permet de guider et d'approfondir l'étude globale des relations femmes/hommes dans les différents projets, en intégrant les données de base spécifiques à chaque zone dans le cadre préalablement établi.

1.1 Structure de la grille d'analyse

Pour déterminer les éléments fondamentaux des relations femmes/hommes dans le développement, construire la méthodologie de travail, concevoir les outils de recueil et d'analyse d'informations, il a été principalement utilisé :

— Les trois éléments du cadre d'analyse de Harvard (Harvard Analytic Framework) [5] :

* Profil d'activités productives et reproductives,
* Profil d'accès aux ressources et aux revenus,
* Facteurs d'influence ;

— Les outils conceptuels complémentaires pour l'application de l'approche GED aux projets de développement, publiés par le Conseil Canadien de Coopération Internationale [6] ;

---

[5] Le cadre d'analyse a été conçu par Catherine Overhold et ses collègues.

[6] Voir Association Québécoise des Organismes de Coopération, Conseil Canadien pour la Coopération Internationale, Match « Un guide pratique sur les rapports femmes-hommes dans le développement » (CCCI, Ottawa, 1991).

— Cinq critères développés par Sara H. Longwe [7] :

* Contrôle,
* Participation,
* Conscientisation,
* Accès,
* Bien-être.

Ces critères permettent de soulever certaines questions critiques relatives à la contribution des femmes à un projet de développement, ainsi que la participation de ces dernières au processus de changement induit au cours des différentes phases du cycle du projet.

C'est ainsi que la grille d'analyse reprend les six éléments majeurs sur lesquels reposent les relations femmes/hommes dans une communauté déterminée. Ce sont :

* Les profils d'activités et la division sexuelle du travail,
* L'accès aux ressources et bénéfices et leur contrôle,
* Les besoins concrets et les intérêts stratégiques des femmes et des hommes en rapport avec leur condition et situation,
* Les facteurs qui influencent les relations femmes/hommes,
* La participation des femmes et des hommes à la gestion de la communauté,
* Les possibilités de transformation économique, sociale et culturelle.

1.2 Les éléments de la grille d'analyse

La présentation des différents éléments, les uns à la suite des autres, est pédagogique ; elle permet de relever l'ensemble des informations et des données nécessaires à l'analyse et donne une vision globale des relations entre les femmes et les hommes de la communauté.

Tous les aspects de ces relations mis en exergue sont liés ; la modification de l'un d'entre eux influence nécessairement les autres. Ainsi, un meilleur accès des femmes aux ressources et aux revenus améliore leurs conditions de vie

---

[7] Sara H. Longwe : « Consultation sur les rapports femmes-hommes dans le processus de dévelopement » (Partenariat Afrique Canada, Ottawa, 1991).

(résolution de besoins concrets) et leur situation (préservation des intérêts stratégiques) ou encore renforce leur participation aux prises de décisions.

Les éléments majeurs, supports de la grille d'analyse, sont des « outils » pour les projets de développement dont ils augmentent significativement les chances de succès. Utilisées en cours de formulation et prises en compte durant l'exécution d'un projet, les informations qu'ils procurent permettent de définir, puis de mieux orienter les actions, en fonction des spécificités de chaque groupe socio-économique et/ou de ses similitudes avec les autres groupes. Ces éléments aident à avoir une attention particulière et soutenue pour les groupes les plus défavorisés, particulièrement les femmes.

1.2.1 Le profil d'activité et la division sexuelle du travail

La répartition du travail entre les femmes et les hommes n'est ni universelle ni statique : elle varie selon les cultures et se modifie avec le temps. Cependant, cette variation n'enlève rien au fait que le travail des femmes est socialement moins valorisé que celui des hommes et, qu'il procure, le plus souvent, peu de revenus.

Pour analyser l'organisation du travail dans une communauté donnée, il faut d'abord déterminer les activités qui y sont effectuées, ensuite étudier la manière dont elles sont réparties entre les femmes et les hommes, les responsabilités et les fonctions attribuées à chaque groupe, et enfin, mesurer le temps de travail nécessaire à leur réalisation.

Ces activités peuvent être divisées en trois grands groupes.

Les activités de reproduction :

Ce sont les activités liées à la maternité, à l'entretien des enfants, aux soins de santé de la famille, aux travaux domestiques (préparation des repas, collecte de l'eau et du combustible, ménage...). Elles sont essentielles à la reproduction, voire dans certaines conditions, à la survie du groupe. Dans les communautés pauvres, ces activités sont presque totalement à la charge des femmes et des filles. En principe non rémunérées, peu prises en compte dans les statistiques nationales, elles sont physiquement difficiles et prennent beaucoup de temps.

Les activités de production :

Il s'agit de toutes les activités de production de biens et services nécessaires à l'autoconsommation et/ou à la constitution de revenus monétaires. Les femmes, comme les hommes, ont des activités de production qui sont différentes d'un groupe à l'autre, suivant la division du travail entre les sexes dans la communauté.

Les activités socio-communautaires :

Réparties, elles aussi, selon le genre, elles assurent la cohésion et contribuent à l'épanouissement de la collectivité. En tant que telles, elles ont une importance fondamentale. Elles peuvent être définies comme des activités de services rendus à la communauté. Ce sont par exemple : l'organisation des cérémonies et des fêtes, la participation aux associations, la création et la maintenance d'infrastructures communautaires... Souvent peu ou pas prises en compte par les programmes de développement, elles prennent, néanmoins, beaucoup de temps et peuvent avoir des incidences négatives sur la participation des bénéficiaires à l'exécution des projets.

L'analyse de ces activités montre que le facteur temps est fondamental dans l'exécution des programmes de développement, notamment en ce qui a trait à l'introduction de nouvelles activités, qui ne doivent pas toujours se faire au détriment des anciennes. Par exemple, nous avons pu remarquer que la mise en place des périmètres irrigués, dont les bénéficiaires directs sont les hommes, a eu des incidences profondes sur la gestion du temps des femmes. En effet, la division du travail dans la plupart de ces communautés oblige les femmes à remplir sur les périmètres irrigués un certain nombre de tâches agricoles auxquelles elles consacrent beaucoup de temps, utilisé auparavant pour leurs propres activités économiques. Le manque à gagner résultant de cette nouvelle utilisation du temps de travail des femmes n'est pas compensé par un accès équitable aux ressources de la communauté et aux bénéfices engendrés par les activités, encore moins à leur contrôle.

1.2.2 Ressources et bénéfices : accès et contrôle

Toute activité exige des ressources et procure des bénéfices à l'individu qui l'exerce, à sa famille et/ou à sa communauté.

Les ressources sont variées. Il peut s'agir par exemple de la terre, du crédit, de l'eau, du temps..., et les individus n'y accèdent pas de manière égalitaire.

En ce qui concerne les femmes rurales, si elles peuvent parfois utiliser ces ressources, le plus souvent elles n'en ont pas la gestion dans le sens où elles ne participent ni à la définition de leur affectation ni à leur contrôle [8].

Il faut noter que, dans presque toutes les communautés rurales de l'Afrique sahélienne, les femmes peuvent avoir accès à la terre mais elles ne contrôlent pas sa gestion. De ce fait, elles doivent se contenter des terres qui leur sont allouées, souvent les moins fertiles et les plus éloignées des concessions et surtout, cette allocation peut être remise en cause à tout moment.

Les avantages qui découlent habituellement d'une activité peuvent être aussi bien économiques que sociaux. Ainsi, de nombreuses activités comportent une forte valeur de « prestige, de satisfaction personnelle, d'inter relations sociales que les personnes qui les exercent peuvent apprécier » [9].

En ce qui concerne les femmes rurales, les principales activités productives qu'elles entreprennent ont, bien souvent, un rapport « avantage/coût » réduit et une place marginale dans l'économie locale et nationale. Par ailleurs, les activités de reproduction, non rétribuées, sont considérées comme naturelles. Elles ne leur offrent pas un « prestige social » particulier. De plus, dans la majeure partie des cas, elles n'ont aucun contrôle sur l'affectation des revenus qu'elles consacrent à la satisfaction des besoins de la famille. Si avec leurs revenus les hommes peuvent améliorer leur outil de travail, se procurer de nouvelles technologies aptes à alléger leurs tâches pour bénéficier de certains loisirs..., ce n'est encore que trop rarement le cas pour les femmes.

1.2.3 Les besoins concrets et les intérêts stratégiques des femmes et des hommes

Les besoins concrets des femmes et des hommes sont ceux dont la satisfaction leur permet, ainsi qu'à leur famille, d'accéder rapidement à un bien-être. Ils sont étroitement liés à leur situation socio-économique, et sont, pour ainsi dire, leurs besoins quotidiens les plus élémentaires.

---

[8] Pourtant, comme le souligne la Banque Africaine de Développement (BAD), l'accès des femmes aux ressources communautaires, « au delà d'un simple souci d'équité et de justice, est une nécessité sociale et économique ». Voir, « Politique en matière d'intégration de la femme au développement » (BAD, Abidjan, 1992).

[9] Dixon-Meller R. et Anker R. : « Évaluation de la contribution des femmes au développement économique » (BIT, Genève, 1989).

Lorsqu'on demande à une femme rurale quels sont ses besoins, elle les décrira de manière concrète, en les liant à sa condition et à sa vie au quotidien : nourriture, approvisionnement en eau, santé et habitat. Ces besoins sont souvent immédiats.

Les intérêts stratégiques [10] des femmes sont, quant à eux, étroitement liés à leur qualité de femmes, à leur situation — sociale et économique — dans la communauté, souvent inférieure à celle des hommes. On parle parfois de « besoins réels » des femmes, ceux dont la satisfaction leur permet de participer de manière égalitaire aux décisions de la communauté et au processus de développement socio-économique.

Les femmes ont beaucoup plus de difficultés à déterminer leurs intérêts stratégiques (à décrire leur situation) car ils renvoient à l'organisation communautaire, à la culture et à la politique. En général, les intérêts stratégiques des femmes sont liés à un besoin de plus grande égalité dans la division du travail, l'accès à la formation, la distribution des richesses et des ressources, la participation aux prises de décisions et l'exercice du pouvoir.

Les hommes de certains groupes socio-économiques dominés, telles que les personnes appartenant à des castes, ont des intérêts stratégiques proches de ceux des femmes ; notamment, en ce qui concerne la distribution plus juste des ressources et la participation aux prises de décisions communautaires.

Si la prise en considération des besoins concrets des femmes est fondamentale, leur satisfaction est insuffisante pour appuyer leur participation au processus de développement. D'ailleurs certains besoins concrets ne peuvent être satisfaits que par une prise en compte des intérêts stratégiques. Par exemple, les femmes rurales ne pourront contrôler leur production et s'approprier leur récolte que lorsqu'elles auront un accès réel à la terre.

Par ailleurs, si dans les sociétés rurales du Sahel presque toutes les femmes ont des besoins considérables insatisfaits, il ne faut pas oublier que ceux-ci varient selon leur situation sociale ; et que d'autres leur sont imposés par le

---

[10] Maxime Molyneux établit la distinction suivante entre les besoins des femmes, en tant qu'elles sont investies de rôles sociaux spécifiques, déterminés et perpétués par la coutume, la pratique et l'idéologie, et leurs besoins en tant que catégorie sociale ayant un accès réduit aux ressources auxquelles la société attache de la valeur et au pouvoir politique... Voir Molyneux M. : « *Études Féministes* », 1985.

cycle de vie. Ainsi, les besoins concrets des femmes d'un certain âge ont souvent trait à la santé et à la sécurité ; dans un ménage polygame, les besoins de la première femme sont souvent sensiblement différents de ceux des autres épouses.

1.2.4 Les facteurs qui influencent les relations femmes/hommes

Les relations entre les femmes et les hommes changent, évoluent et se modifient avec le temps. Ces transformations sont dues à des facteurs exogènes et endogènes qui doivent être compris et analysés pour mieux saisir les contraintes et/ou les potentialités de changement au sein d'une communauté donnée.

Les actions de développement apportent souvent des modifications et sont, elles-mêmes, influencées par les facteurs de changement qui peuvent être :

* Culturels et sociologiques : influence du modernisme, évolution des mouvements féminins,
* Économiques : programme d'ajustement structurel, chute des prix des produits d'exportation, dévaluation,
* Environnementaux : sécheresse, salinisation des terres arables,
* Politiques : démocratisation, totalitarisme,
* Démographiques : émigration, exode rural, croissance des effectifs de la population,
* Juridiques : adoption de nouvelles lois,
* Religieux : recrudescence de mouvements fondamentalistes,
* Techniques : introduction de nouvelles technologies.

Ces facteurs, particulièrement importants, doivent pouvoir s'intégrer dans l'analyse comme des éléments positifs sur lesquels il est possible de s'appuyer ou comme des variables négatives qui risquent d'affecter certains acquis.

Comme souligné dans la deuxième partie du document, durant ces dernières décennies, nombre de ces facteurs ont eu des conséquences défavorables sur les conditions de vie et la situation des femmes.

Par exemple l'exode rural des hommes et leur émigration suite aux années de sécheresse ont considérablement dépeuplé certains villages du Sahel. Dans ces cas de migration, les femmes sont devenues de fait les « chefs de famille » (leurs tâches et leurs obligations s'en sont trouvé accrues) mais elles n'ont pas acquis en contrepartie le statut qui leur aurait permis d'avoir accès aux ressources. L'émigration des hommes n'a pas nécessairement impliqué plus de « pouvoir » pour les femmes (en terme de participation aux prises de décisions au niveau familial ou/et collectif), et a, dans nombre de cas, renforcé les structures patriarcales et la puissance des chefs de lignage.

La montée de mouvements fondamentalistes religieux dans la sous région est souvent un frein à une plus grande participation des femmes à la vie de la nation, et parfois même un obstacle à leur droit à une reconnaissance juridique effective.

Nous avons là deux facteurs — démographique et religieux — qui ont eu des effets négatifs sur la situation de la femme. En revanche, au Burkina Faso, l'impact de la politique nationale de lutte contre l'excision et les mariages précoces peut s'analyser comme un facteur ayant positivement influencé les conditions de vie des femmes. Ces pratiques n'ont pas été totalement éradiquées dans ce pays, mais la majorité des femmes enquêtées a souligné que leur recul a eu des effets bénéfiques sur la santé des filles et des mères. Les enquêtées ont également apprécié positivement la plus grande liberté, aujourd'hui laissée aux filles, de choisir leur époux [11].

1.2.5 La participation des femmes et des hommes à la gestion de la communauté

Si les hommes et les femmes contribuent effectivement au processus de développement, la participation de celles-ci se trouve généralement limitée par la complexité des forces sociales, économiques et politiques, par l'importance de leur charge de travail et par le fait que peu de moyens sont mis en place pour leur permettre de se libérer de ces entraves et de trouver le temps nécessaire à une entière implication.

En Afrique, et notamment au Sahel, peu de femmes rurales siègent dans les centres de décisions communautaires et leur représentation dans les organisations paysannes structurées est faible. Cette absence ne leur permet point d'influer, en leur faveur, sur les choix qui sont retenus et qui, dans tous les cas, affectent leur vie.

---

[11] Voir annexe 3 : Paroles de femmes.

Ces dernières années, la participation des femmes au développement économique des pays africains s'est accrue, mais elles ont toujours autant de difficultés à accéder à l'éducation, à l'information, aux techniques, aux ressources... Ces contraintes ne leur permettent pas d'entamer un processus réel et concret de participation aux prises de décisions.

Par ailleurs, s'il est fondamental que les femmes se regroupent au sein d'organisations pour partager et défendre leurs intérêts communs, il est utile qu'elles créent des liens avec les autres structures de la communauté pour ne pas être marginalisées.

1.2.6 Les possibilités de transformation économique, sociale et culturelle

Les rapports entre les groupes socio-économiques, et particulièrement entre les hommes et les femmes, comportent de multiples possibilités de transformation. Dans la plupart des communautés, on assiste à des changements : les populations cherchent à améliorer leurs conditions de vie, certaines inégalités se corrigent, les pouvoirs se démocratisent.

Le concept de « possibilités de transformation » dans l'approche GED « permet de rechercher et de faciliter, de manière pro-active la réalisation de ce potentiel » [12]. Cette notion, selon Kate Young, donne la possibilité de « penser » en terme de stratégies susceptibles d'aboutir à une modification des rapports entre les hommes et les femmes et à une amélioration de la situation de ces dernières. Ces transformations sont l'oeuvre d'hommes et de femmes, qui participent ensemble à l'évolution des rapports socio-économiques, et qui essaient de trouver les formes de relations les plus adéquates.

Il ne faut pas croire que l'état de « subordination est passivement accepté par les femmes et agressivement imposé par les hommes » [13]. L'histoire montre que des progrès concernant la situation des femmes ont été, bien souvent, réalisés avec l'apport des hommes.

---

[12] Voir Moser C. : « A theory and methodology of gender planning » (Working Paper n° 11, University College, Londres, 1986) et Young K. : « Women and economic development : local, regional and national planning strategies » (Berg Publishers Limited. Oxford, 1988).

[13] Association Québécoise des Organismes de Coopération, Conseil Canadien pour la Coopération Internationale, Match, op. cit.

Au sein des sociétés sahéliennes, nous assistons à l'émergence de nouvelles relations entre les femmes et les hommes, à de nouvelles formes de solidarité qui cherchent à corriger les inégalités et à améliorer la situation des femmes.

Aussi doit-on, dans le cadre des programmes d'appui, contribuer aux processus de transformation tels que déterminés par les populations. Pour ce faire, il faut veiller à ce que tous les groupes socio-économiques de la population, les femmes en particulier, puissent définir leurs propres objectifs dans cette évolution. Seuls les femmes et les hommes concernés peuvent, dans la communauté, changer les rapports qui existent entre eux, définir et orienter leur avenir commun. Le rôle des intervenants extérieurs est de les appuyer dans le développement de leurs capacités et dans la clarification des options sociales, en leur offrant l'espace et le soutien dont ils ont besoin.

Pour agir avec le maximum d'efficacité, ces intervenants ont besoin de données fiables et suffisantes. Dans le cas de l'étude conduite par ACOPAM, la collecte de ces données a nécessité l'utilisation de plusieurs outils et techniques qui, combinés, ont permis de faire face aux difficultés et aux contraintes de terrain.

2

La collecte des données

Pour réaliser l'analyse des relations femmes/hommes dans les zones d'enquêtes, le recueil d'un certain nombre de données a été nécessaire. Ces données sont liées à la grille d'analyse définie ci-dessus et adaptée au contexte des zones d'enquête car les relations entre les femmes et les hommes font partie et sont fonction de leur environnement socio-culturel et économique.

Les deux principales techniques utilisées pour la collecte de l'information ont été : la recherche documentaire et les enquêtes.

2.1 La recherche documentaire

Elle s'est déroulée tout au long de l'analyse et a permis de préparer les enquêtes, d'avoir des informations supplémentaires sur les milieux d'intervention et d'appréhender les diverses activités menées au sein des projets.

Elle s'est basée sur les divers documents produits dans le cadre de l'exécution des projets ACOPAM (rapports d'activités, études du milieu, documents thématiques, rapports d'évaluation et de programmation), les ouvrages généraux traitant des aspects intéressant l'analyse et les statistiques disponibles.

Par ailleurs, une recherche documentaire, liée spécifiquement aux travaux sur l'approche GED, a aidé dans l'élaboration du cadre d'analyse et la conception de base de l'étude.

L'ensemble du travail a été facilité par la disponibilité des intervenants à partager l'information et par les possibilités de rencontrer des structures gouvernementales et non gouvernementales disposant de données intéressantes. Cependant, peu de statistiques ventilées par sexe sont disponibles auprès des structures de l'État.

Les recherches ont été ordonnées autour de « notes de lecture » qui ont facilité l'organisation de la réflexion. Une liste de la documentation utilisée est fournie dans la bibliographie.

2.2 Les enquêtes

Les enquêtes ont été faites à partir de questionnaires élaborés avec le concours des équipes de terrain. La collecte des données, discontinue, s'est étalée dans le temps. Au total, il a fallu en moyenne l'équivalent de trois jours de travail pour conduire les enquêtes auprès d'un échantillon de dix personnes. Ces enquêtes ont concerné 8 zones d'intervention de 8 projets ACOPAM [14], se sont déroulées au total dans 44 villages et ont touché 1 150 personnes [15]. Il y a eu trois types d'enquête : les enquêtes individuelles hommes, femmes et l'enquête village.

En général, les enquêtés ont accepté de répondre aux questions avec beaucoup de disponibilité. Certains ont même interpellé des membres de leur famille pour leur demander de fournir des informations exactes aux enquêteurs. Il faut relever que les questions étaient posées à des volontaires. Lorsqu'une personne avait des réticences à se soumettre au questionnaire, l'enquêteur n'insistait pas. Il notait ce fait et poursuivait l'enquête auprès d'un autre sujet pour respecter la taille de l'échantillon.

Par ailleurs, il faut relever que les « enquêtes villages » auxquelles participaient les représentants de la communauté et une partie de la population ont fourni un cadre propice à une discussion sur le but de l'enquête. Dans certains villages, les hommes craignaient qu'elle ne soit exploitée par les services des impôts.

---

[14] Voir annexe 4 : Présentation des projets ACOPAM intervenant dans les zones d'enquête.

[15] L'annexe 5 présente la liste des villages, pays et zones où ont eu lieu les enquêtes, de même que le nombre de personnes interrogées. Notons que les interviews groupées, ont concerné 450 personnes (femmes et hommes).

Il est aussi arrivé qu'au cours d'un entretien, une enquêtée exprime le besoin de s'associer la présence d'une femme membre de sa famille. Il fallait souvent, dans ce cas, éviter que cette dernière réponde en lieu et place de l'enquêtée.

La restitution des enquêtes a permis de vérifier l'exactitude des réponses et a joué un grand rôle dans la fiabilité des données de l'analyse.

2.2.1 L'élaboration des questionnaires d'enquête

La procédure d'élaboration des questionnaires a été sensiblement la même dans toutes les zones et s'est déroulée en trois étapes :

Étape 1 :   Sur la base de la « grille d'analyse », des informations obtenues sur la zone d'intervention du projet et des activités menées, des propositions de questionnaires ont été élaborées par le responsable du « Genre » au sein du Programme ACOPAM.

Étape 2 :   Les questionnaires proposés ont été discutés avec les équipes chargées de suivre et/ou de mener les enquêtes. Des visites de terrain ont permis de tester les mots-clés utilisés dans le questionnaire, de vérifier que la simplification des questions était correcte et de trouver les termes les plus appropriés pour une traduction en langues locales. Cette étape a été accompagnée d'une réflexion des équipes sur le concept « Genre et Développement », les objectifs et la justification de l'analyse et de l'enquête.

Étape 3 :   Les différentes discussions avec les agents de terrain et les responsables des projets ont permis de finaliser le questionnaire adapté à la zone ciblée.

Les questionnaires [16] ont été subdivisés en plusieurs fiches, et pour chacune d'elles, des instructions ont été données à l'enquêteur. Par exemple, pour des questions avec une nomenclature telles que celles liées aux activités, il a été recommandé de poser la question à l'enquêté avant de vérifier avec lui, sur la liste, qu'aucune activité n'avait été oubliée.

---

[16] Voir annexe 6 : Exemple de questionnaires.

2.2.2 La typologie des questions

Les guides d'enquête sont composés de questions ouvertes ou semi-ouvertes qui, d'une part, ne limitent pas les réponses des enquêtés et, d'autre part, offrent plus de possibilités aux enquêteurs de faire le lien avec les autres questions et/ou de les transformer pour les rapprocher de la compréhension du sujet.

Bien souvent, en association avec certaines questions employant des mots-clés, des nomenclatures (pour les activités, les besoins, l'utilisation des revenus...) adaptées aux réalités locales ont été utilisées. Si cette méthode demande beaucoup plus de temps et peut sembler fastidieuse, elle a l'avantage d'éviter la confusion et les oublis. En effet, souvent les sujets omettent de mentionner un certain nombre de leurs activités qui leur paraissent marginales ou secondaires, ce qui par la suite fait apparaître plus de temps libre que dans la réalité.

2.2.3 L'échantillonnage

Dans le cas des enquêtes individuelles hommes et femmes, nous avons au préalable déterminé, avec les équipes des projets, le nombre de sujets en fonction de la densité de la population (au moins $1/200^{\text{ème}}$) et des capacités des équipes à suivre le déroulement des enquêtes. Un quota égal d'hommes et de femmes a préalablement été fixé.

Dans les zones où la population est assez homogène dans sa composition ethnique et dans ses groupes socio-économiques, il a été retenu un échantillon simple, les sujets étant pris au hasard.

Pour les autres zones — par exemple celles de Kompienga (Burkina Faso) ou de Foum Gleita (Mauritanie) — en raison de l'hétérogénéité de la population des villages (différents groupes socio-économiques, pluralité des ethnies, existence de migrants et d'autochtones...), un échantillon stratifié a été établi.

Les enquêtes villages ont été réalisées auprès des différentes autorités traditionnelles, religieuses et administratives, d'hommes et de femmes choisis au hasard dans la population et/ou invités par les représentants villageois, réunis ensemble.

Dans certaines zones, des séries d'entretien avec des individus isolées ou des groupes ont été ajoutées aux questionnaires. Menées par le responsable « Genre », elles ont permis d'enrichir les données et d'approfondir l'analyse.

2.3 Les difficultés méthodologiques

Dans le cadre de la recherche des données, nous avons rencontré des difficultés méthodologiques liées à la définition et aux mesures des dimensions économiques. Ces difficultés sont dues aux définitions conceptuelles qui ne répondent pas toujours aux spécificités de nos zones d'intervention et aux particularités des sujets. Elles ont surtout concerné :

*   La définition de l'activité économique,
*   La représentation de l'utilisation du temps,
*   La mesure des revenus.

2.3.1 La définition de l'activité économique

Dans le cadre de la recherche des données, la limite entre la production domestique pour l'autoconsommation du « ménage » et la production pour la vente et l'échange n'est pas clairement établie dans les zones rurales, et notamment pour les femmes. Cette difficulté est accrue dans les zones où les exploitants axent leur production sur les cultures vivrières et vendent peu ou pas du tout leur récolte, où le travail qu'ils effectuent sur leur propre terre alterne avec celui effectué sur celle des autres (association de culture, travailleur saisonnier rémunéré parfois en nature), où leurs revenus monétaires proviennent du commerce et/ou de l'artisanat et où les personnes âgées et les enfants qui ne travaillent pas aux champs ont des activités de garde des animaux, de petits travaux, d'artisanat...

Nous avons retenu la définition du BIT, selon laquelle, appartient à la population active « toute personne des deux sexes qui pourvoit du travail pour la production de biens et services économiques » [17].

---

[17] BIT : « Recent changes in the International standards for statistics of the economically active population » (Document préparé par le Bureau des Statistiques pour la réunion de l'Organisation de Coopération et de Développement Économiques (OCDE) sur les statistiques de l'emploi et du chômage, tenue à Paris en octobre 1983, Genève, 1983).

Le concept large d'activité économique — en prenant en compte toutes les activités qui utilisent la ressource du travail pour produire des biens et services — a permis d'inclure nombre d'entre elles liées à l'autoconsommation, telles que la cueillette ou la transformation des produits de base.

Lors du déroulement des enquêtes, pour éviter toute confusion, le terme « activité » a été employé en lieu et place de « travail », qui souvent, dans le monde rural, est synonyme d'emploi rémunéré.

2.3.2 La représentation de l'emploi du temps

En identifiant « l'emploi du temps », l'objectif poursuivi est d'obtenir un profil sur la manière dont les individus utilisent leur temps en fonction du sexe, de l'ethnie, des activités, du statut social...

La manière dont les personnes emploient leur temps est une donnée difficile à collecter en milieu rural. Il y a un défaut de connaissance des horaires exacts, les personnes ont du mal à dire quand débute ou prend fin une activité. Certaines activités ne se mènent pas à des moments précis, d'autres se déroulent simultanément... Par ailleurs, l'emploi du temps des individus est largement affecté par certains facteurs internes tel que le nombre de femmes dans la famille, et des facteurs externes tel que la variation des saisons.

Pour essayer de pallier ces difficultés, des moments précis dans la journée, facilement identifiables par les enquêtés (heures de prière, midi, lever et coucher du soleil...), ont été déterminés. En différenciant les principales saisons, il a été demandé aux sujets d'inscrire les activités dans les tranches horaires où elles se déroulent habituellement.

Ce type de collecte ne permet pas de quantifier le temps consacré à chaque activité, mais donne le nombre de tâches effectuées dans les tranches horaires et aide à situer les moments de repos et de loisirs.

Pour ce qui est de l'utilisation du temps, la collecte de données a été largement complétée par l'observation et la documentation disponible.

2.3.3 La mesure des revenus

Le produit de plusieurs activités directement liées à la consommation (transformation des produits pour l'autoconsommation, travail domestique, participation des femmes aux travaux des champs familiaux...) n'est généralement pas comptabilisé ; ce qui modifie largement les données concernant la contribution des hommes et des femmes aux revenus de la famille.

Les enquêtes se sont limitées à déterminer les revenus monétaires issus des activités économiques des sujets, et la part des récoltes qui est affectée à la consommation familiale. Pour mesurer ces revenus monétaires, nous nous sommes servis d'une nomenclature d'activités économiques, le sujet devant reconstituer, de mémoire, les revenus tirés de l'activité durant l'année, les six ou les trois derniers mois, selon sa mémorisation de ces informations.

DEUXIÈME PARTIE

LA PLACE DES FEMMES
DANS LES COMMUNAUTÉS

Introduction

Tout en reconnaissant que la situation des femmes rurales varie d'une zone et d'une communauté à une autre et, à l'intérieur d'une famille, d'une femme à l'autre, en fonction de facteurs sociaux, culturels, économiques, juridiques, religieux..., il est possible d'observer et de vérifier une analogie réelle de leur condition et de leur état.

Dans toutes les communautés cibles des enquêtes, les femmes participent largement à la production économique, exécutent quasiment seules les activités de reproduction sont responsables des besoins essentiels de la famille où elles investissent une bonne partie de leurs revenus, ont une charge de travail bien supérieure à celle des hommes... Et pourtant, le plus souvent, exclues des centres de décision, elles bénéficient peu des ressources communautaires et ont des conditions de vie particulièrement précaires.

S'il est vrai qu'il est difficile de représenter les femmes rurales comme un groupe « statique et homogène », force est de constater qu'elles ont des contraintes et des intérêts communs à prendre en compte dans l'analyse.

Des résultats obtenus sur la position de la femme rurale — par l'analyse de la division sexuelle du travail, de l'accès aux revenus et de leur utilisation, de la participation aux prises de décisions — il ressort que les similitudes sont plus grandes que les différences.

Les plus grandes dissemblances apparaissent en ce qui concerne : la division du travail (entre les femmes cloîtrées et les femmes « libres »), la constitution des revenus et leur utilisation (entre les femmes des communautés d'agriculteurs et celles des communautés de pêcheurs).

Par ailleurs, à l'intérieur des sociétés étudiées, des différences existent entre les femmes : elles proviennent de leur statut familial, de leur âge, de leur degré de pauvreté ou de richesse, de la situation sociale et économique de leur famille...

1

La division sexuelle du travail

La division sexuelle du travail varie d'une communauté à l'autre, beaucoup plus en fonction des activités économiques principales (agriculture, pêche ou élevage) exercées par la collectivité qu'en fonction des contextes socio-culturels.

La charge de travail de la femme, partout importante, est cependant influencée par son statut familial, ses revenus et, parfois, son appartenance religieuse.

1.1 Les activités communautaires et de reproduction

Les activités de reproduction — travaux domestiques, construction ou réparation de l'habitat, soins à donner aux enfants et aux malades — sont, quelle que soit la zone, en grande partie effectuées par les femmes.

Les travaux ménagers quotidiens — entretien de la concession, lessive, préparation des repas, approvisionnement en eau et bois de chauffe, transformation des produits alimentaires, entretien des enfants... — incombent dans leur quasi-totalité aux femmes et aux jeunes filles. Ces tâches, pénibles et répétitives, prennent énormément de temps [18]. Dans toutes les zones d'enquête, les soins à donner aux malades et aux enfants sont mieux partagés entre les femmes et les hommes. Il en est de même en ce qui concerne la construction et l'amélioration de l'habitat, pour lesquels, les gros

---

[18] Les résultats des questionnaires ont donné une moyenne de quatre à cinq heures par jour consacrées uniquement aux travaux ménagers. Cette moyenne recouvre cependant de fortes disparités. En effet, le temps passé aux travaux domestiques est fonction de la disponibilité et de la proximité de certaines ressources tels que l'eau et le bois, de la possibilité d'utiliser des techniques d'allégement des travaux : moulin à mil, batteuse, moyens d'exhaure de l'eau, fourneau amélioré...

travaux de maçonnerie sont effectués par les hommes, les femmes apportant l'eau et la terre [19].

À ces activités de reproduction qui reposent en grande partie sur les femmes, s'ajoutent les activités communautaires dont elles assurent une part considérable. Il s'agit en général des travaux d'entraide, des investissements communautaires, des fêtes familiales et rituelles.

La forme de participation des femmes et des hommes à ces activités est très variable d'une ethnie à l'autre, et à l'intérieur d'une communauté, d'une religion à l'autre, selon ce qui est permis ou proscrit à l'homme et/ou à la femme. Toutefois, les femmes, en fonction de leurs tâches traditionnelles de reproduction, assurent la préparation des repas et l'accueil des invités tandis que les hommes s'occupent des sacrifices et des rites.

1.2 Les activités de production

Dans les zones d'enquête, les femmes sont principalement actives dans l'agriculture (80% des bénéficiaires des actions d'ACOPAM sont des agriculteurs), la pêche et l'élevage. Cependant, presque toutes les femmes exercent aussi des activités annexes qui leur permettent d'améliorer leurs revenus et le bien-être de leur famille.

1.2.1 L'agriculture

Au Sahel, les femmes participent activement aux travaux champêtres et contribuent largement à l'équilibre alimentaire. Malgré l'absence de statistiques, cette contribution peut être évaluée à +/- 50 % de la production alimentaire dans la région.

Si les femmes sont souvent dispensées des travaux de préparation des sols (labour, défrichage), en revanche, elles assument d'importantes responsabilités dans toutes les autres tâches agricoles, notamment : le semis,

---

[19] Toutefois, dans certaines zones du Burkina Faso, il revient aux femmes de crépir et de damer les constructions, activités longues et difficiles.

le désherbage, la récolte, et participent activement au stockage et à la conservation des récoltes [20].

Certaines tâches simples mais répétitives, tels que le désherbage, le démariage, la chasse aux oiseaux, sont souvent exclusivement à la charge des femmes et des enfants.

Le tableau ci-après donne la répartition la plus fréquente des tâches entre les femmes et les hommes dans les travaux agricoles des champs familiaux.

Tableau n°1 : Répartition par sexe des principales tâches agricoles relatives aux champs familiaux

ACTIVITÉS MENÉES	FEMMES	HOMMES
Défrichage		X
Binage/sarclage	X	X
Labours		X
Semis	X	X
Fumure organique	X	X
Application pesticides et engrais		X
Désherbage	X	X
Récolte	X	X
Transport récolte	X	X
Traitement récolte	X	X
Entreposage récolte	X	X
Sélection semences	X	X
Transformation récolte	X	
Conservation	X	X
Vente de la récolte	X	X

Au travail dans les champs familiaux — là où cela est possible — s'ajoutent, pour les femmes, la culture de leurs parcelles personnelles généralement plus petites (de 0,25 à 1 ha) et l'exécution d'autres tâches agricoles. Dans des

---

[20] Selon un document de la Banque Mondiale, : « Policy and research » (Banque Mondiale, Août 1989), les femmes africaines fournissent environ 90 % de la main-d'oeuvre employée au traitement des produits alimentaires et à la fourniture d'eau et de bois de chauffe, 80 % participent au stockage et au transport des produits alimentaires entre l'exploitation agricole et le village, 90 % travaillent au sarclage et au désherbage et 60 % s'occupent de la récolte et de la commercialisation.

zones particulièrement touchées par la sécheresse et la désertification, telle que celle de Maradi (Niger), ces champs sont très éloignés des concessions et le sol y est particulièrement difficile à cultiver.

Il a été enregistré certaines modifications dans la division des tâches agricoles, notamment en ce qui concerne le type de production. Alors que traditionnellement, dans nombre de ces régions, les femmes ne cultivaient dans leurs champs de case que des légumes et des condiments, elles y associent de plus en plus des céréales et des produits de rente. Ce phénomène prend un relief particulier en pays Gourounsi, au Burkina Faso. Une division du travail similaire est observée dans le cadre des périmètres irrigués modernes. La femme y exerce les mêmes activités que dans les champs familiaux traditionnels, ce qui, sans doute, constitue pour elle un surcroît de travail.

1.2.2 L'élevage

L'élevage est une activité commune aux deux sexes. Sauf chez les Peul et les Touareg non sédentarisés, dont c'est le plus souvent l'activité principale, il est associé à l'agriculture.

Dans les sociétés pastorales [21] — pour utiliser un schéma — les hommes sont les « gestionnaires des troupeaux » et les femmes les « gestionnaires du lait » [22]. Les hommes sont responsables de l'administration des bêtes conduites en pâturage tandis que les femmes s'occupent (fourrage, eau, etc.) des bêtes jeunes ou malades et de celles gardées près de la concession.

Dans les communautés agricoles, la présence du bétail donne un surplus de travail aux femmes qui participent à son entretien et sont chargées de stocker et de conserver les résidus agricoles pour son alimentation. Elles sont également responsables de l'alimentation en eau du petit bétail, là où cette denrée est rare. Pour cette activité, les enfants sont mis à contribution. Ils participent de manière substantielle à l'entretien des animaux : gardiennage

[21] Ce type de société n'a pu être étudié qu'à Kompienga.

[22] Pour plus d'informations sur les femmes dans les sociétés pastorales, voir J. Pointing, et S. Joekes « Les femmes dans les sociétés pastorales d'Afrique orientale et occidentale » (International Institute for Environment and Development, Londres, 1991).

pour les garçons et alimentation du cheptel pour les filles. Les personnes âgées sont souvent associées aux travaux, notamment à l'administration des soins vétérinaires.

Lorsque le bétail n'est pas confié à un éleveur professionnel, il revient, dans toutes les communautés, aux hommes et aux jeunes garçons de le conduire aux pâturages. La traite des bêtes, la transformation et la vente des produits laitiers sont des activités réservées aux femmes tandis que la vente du bétail est du ressort des hommes.

Dans la plupart des communautés, il appartient aux femmes d'entretenir la volaille et même lorsqu'elles ne peuvent en posséder, du fait d'un tabou — c'est le cas dans certains villages mossi — il leur incombe de s'en occuper au nom du mari !

1.2.3 La pêche

Cette activité a été étudiée à Faraba (Mali), à Kompienga et à Foum Gleita. Dans ces deux dernières zones, la pêche est une activité exclusivement masculine ; il n'est pas permis aux femmes de s'y adonner. À Faraba, si la pêche au filet est en général pratiquée par les hommes, celle à la nasse revient aux jeunes hommes et aux femmes qui peuvent aussi se doter de petits filets et pêcher aux alentours du lac.

Les enfants sont très impliqués dans les activités de pêche où on a besoin de beaucoup de main-d'oeuvre, ce qui a des conséquences sur leur scolarité. Aux campements de Faraba, aucun enfant ne va à l'école française et nombre d'entre eux quittent très tôt l'école coranique pour suivre leur père à la pêche.

Comme chez les éleveurs où la transformation des produits laitiers est une activité purement féminine, la transformation des produits de la pêche est à la charge exclusive des femmes. Dans certaines communautés de pêcheurs, notamment à Faraba, les femmes commercialisent aussi une partie des captures fraîches.

1.2.4 Les activités économiques secondaires

En plus des activités principales d'agriculture, d'élevage ou de pêche, les femmes participent aux activités économiques secondaires pour améliorer leurs revenus. Ces activités multiples sont, elles aussi, réparties entre les femmes et les hommes. Il s'agit, entre autres :

*   De la cueillette des produits naturels (noix de karité, néré, fleurs de kapokier, feuilles de baobab, etc.), de la transformation des produits de l'agriculture, de l'élevage et de la pêche qui, sont partout l'affaire des femmes et constituent une source substantielle de revenus ;
*   De l'artisanat, activité d'hommes et de femmes, largement fonction des traditions [23] (par exemple, dans les zones d'enquête, en Mauritanie, au Niger et dans certaines zones du Mali, ce sont les femmes qui font la vannerie et la confection des nattes, activités effectuées par les hommes en pays mossi et gourounsi) ;
*   Du commerce où la division n'est pas stricte et dépend beaucoup du produit et de la taille de l'activité (dans certaines zones d'enquête, le « petit commerce » est surtout exercé par les femmes, alors que dans d'autres — Niger, Mauritanie — il l'est aussi par les hommes). En principe, les femmes participent de façon significative à la commercialisation des céréales (lorsque ce sont de petites quantités), de la volaille et des produits transformés. Mais presque partout, la commercialisation des bêtes, et le commerce « en gros » des denrées agricoles sont l'affaire quasi exclusive des hommes tandis que la vente de produits alimentaires (beignets, plats cuisinés, galettes, etc.) est celle des femmes. Le plus souvent, les commerces de distribution sont tenus par les hommes, ce qui semble lié à leur possibilité de disposer d'un capital à investir ;
*   Des cultures maraîchères et fruitières qui sont faites par les deux sexes.

En conclusion, il est particulièrement important de souligner l'évolution qui se dessine dans le partage des tâches au sein des activités productives. Dans certains cas, cette évolution peut se traduire par un affranchissement des femmes, une nouvelle prise de conscience de leur part et une hausse de leurs revenus. Il s'agit particulièrement des investissements dans les cultures de rapport et la participation accrue aux activités commerciales.

Il faudrait cependant noter qu'il arrive que les femmes investissent des activités économiques traditionnellement réservées aux hommes, mais qui se sont dépréciées ; ainsi du tissage, naguère pratiqué par les hommes en

---

[23] Toutefois, nous avons remarqué que dans toutes les zones d'enquête, il revient traditionnellement aux femmes de filer le coton, tandis que les travaux de la forge et de la cordonnerie sont des tâches essentiellement masculines.

pays Gourounsi, et que les femmes ont progressivement récupéré, au fur et à mesure que les bénéfices s'en réduisaient [24].

Dans certaines zones, la recrudescence du fondamentalisme religieux tend à cloîtrer les femmes et à les exclure de presque toutes les activités de production. Mais, malgré ces contraintes qui leur sont imposées et qui réduisent largement leur liberté d'action, les femmes essaient d'exercer des activités économiques par l'intermédiaire de leurs enfants : petit commerce, artisanat [25].

1.3 La charge de travail

La charge de travail de la femme, tributaire des activités économiques menées, varie plus à l'intérieur d'une communauté que d'une zone à une autre. Cette charge est fonction de nombreux paramètres : la taille de la famille, l'aide que les enfants et les vieillards peuvent apporter, la disponibilité de machines agricoles (charrue, charrette, tracteur...), la possibilité de payer de la main-d'oeuvre, la situation sociale de la femme dans la famille, etc.

Par ailleurs, certains facteurs environnementaux et économiques sont susceptibles d'alléger ou d'accroître cette charge de travail : abondance ou rareté de l'eau et du bois de chauffe, proximité ou éloignement des champs, existence ou absence d'infrastructures, disponibilité ou non de moyens de production...

La période de travail intensif pour les communautés agricoles est celle des cultures (hivernage), en particulier durant les semis et les récoltes. Si hommes et femmes sont très occupés durant cette saison et passent une partie non négligeable de la journée aux champs, il n'en demeure pas moins que les femmes ont encore moins de temps libre car elles doivent, par ailleurs,

---

[24] Voir l'étude de L. Zuidberg et K. Tall, à propos des effets du Programme de Développement Intégré dans les Provinces du Sanguiè et du Boulkiemdé (PDISAB) sur les rapports femmes/hommes (Amsterdam, 1993).

[25] Dans « La planification du développement et la division du travail par sexe : le cas d'un village haussa musulman », R. Longhurst explique comment des femmes haoussa arrivent à exercer des activités économiques dans un village nigérian musulman où l'habitude de tenir les femmes recluses se répand.

s'acquitter de leurs obligations ménagères. La journée d'activité d'une femme dans une communauté d'agriculteurs, en saison des pluies, est en moyenne de 18 heures, avec des pointes de 20 heures [26].

Dans toutes les zones enquêtées, la femme ne dispose, pour cultiver sa parcelle, que du temps qui lui est accordé par le mari et/ou le chef de famille suivant la disponibilité de la main-d'oeuvre. Malgré les différences relevées en fonction de l'ethnie et de la position sociale, toutes les femmes travaillent leur champ personnel en dehors des heures passées sur celui de la famille, et y consacrent moins de temps. L'aide qu'elles reçoivent des hommes y est souvent limitée à la préparation des sols et parfois à la récolte [27].

Toutefois, des modifications sont en train de voir le jour dans la division du travail, en ce qui concerne la répartition du temps de travail de la femme. Aujourd'hui, des femmes revendiquent le droit de mieux s'occuper de leur champ propre, d'y passer plus de temps et de bénéficier de l'appui de leurs enfants. Cette tendance se manifeste surtout dans la zone de Maradi où les femmes, même si elles participent encore très largement aux travaux du champ individuel de leur mari, sont désormais moins occupées par les champs familiaux [28].

Au Burkina Faso, dans les zones d'enquête, pour faire face à la charge des travaux agricoles, les femmes se retrouvent dans des associations de cultures, ce qui leur permet de bénéficier d'un appui pour une partie des travaux champêtres, en particulier les semis et la récolte.

Dans les zones à forte immigration — région du fleuve Sénégal par exemple — les femmes ont des journées de travail beaucoup plus chargées que par le passé. Il leur revient, en effet, d'exécuter une part de plus en plus importante des activités agricoles. Le plus souvent sans revenus conséquents, elles ne peuvent pas louer les services d'une main-d'oeuvre masculine pour les gros travaux, et sont de ce fait obligées de les effectuer elles-mêmes.

---

[26] Voir annexe 7 : Emplois du temps d'une femme et d'un homme en saison des pluies.

[27] Par exemple, en pays mossi, la femme travaille de 3 à 4 heures par jour sur son champ contre 6 à 7 heures passées sur le champ familial tandis que la femme haoussa ne consacre qu'un ou deux jours par semaine à son propre champ.

[28] Voir H. Djibo : « Étude de faisabilité d'un projet féminin au Niger » (ACOPAM, Dakar, 1991).

L'exploitation de périmètres irrigués, à Mopti (Mali), à Tombouctou (Mali), à Foum Gleita et à Podor (Sénégal) a largement augmenté la charge de travail des femmes. En effet, les périmètres requièrent de la main-d'oeuvre et ne procurent pas toujours suffisamment de bénéfices pour permettre aux exploitants de recourir aux services de saisonniers ; aussi, les femmes y effectuent-elles les tâches agricoles traditionnelles qui leur sont dévolues : repiquage du riz, désherbage, récolte etc. Cette surcharge de travail les oblige, bien souvent, à abandonner certaines de leurs activités économiques propres et a des effets négatifs sur leur santé.

Comme les femmes d'agriculteurs, les femmes d'éleveurs voient leurs activités de transformation et de commercialisation des produits laitiers croître durant la saison des pluies. En effet, durant cette saison, la richesse des pâturages permet aux vaches de fournir de plus grande quantité de lait. Faute de moyen adéquat de conservation, le produit doit être rapidement transformé et commercialisé, activités exclusivement féminines.

Les femmes de pêcheurs sont obligées, quant à elles, durant la période de haute ou parfois de moyenne capture, de prolonger leurs temps de travail pour transformer les produits de la pêche.

En saison sèche, la charge de travail dépend des activités annexes qui sont menées par la femme et par son mari : artisanat, transformation des produits, petit commerce, maraîchage... Les femmes participent directement ou indirectement aux travaux menés par les hommes, notamment lorsqu'il s'agit d'élevage de case et de maraîchage.

De manière générale, la saison sèche et celle de basses captures pour les communautés de pêcheurs sont, comme on les appelle souvent, des « saisons creuses ». Bien que disposant d'un peu plus de temps de repos et de loisir durant cette période, les femmes rurales n'en comptent pas moins de longues journées de travail, de 10 à 14 heures. Nombre d'activités de transformation (pilage du riz, production de beurre de karité), de séchage et de conservation des produits agricoles se déroulent après l'hivernage.

Comme mentionné plus haut, ces généralités cachent certaines disparités. En effet, la charge de travail de la femme dépend largement de sa position sociale, de son statut dans la famille — âge et rang dans le mariage — des moyens de production et de transformation des produits (moulins, presse à karité, batteuse...) dont elle dispose, de ses possibilités de louer ou non de la main-d'oeuvre, de la composition et de la taille de sa famille... Aussi, deux co-épouses peuvent-elles avoir une charge de travail différente. Dans nombre co-épouses peuvent-elles avoir une charge de travail différente. Dans nombre de cas, la première femme, à un certain âge, lorsqu'elle a de grands enfants, se trouve dégagée de certaines obligations domestiques effectuées par les femmes plus jeunes (ménage de la concession, préparation des repas...) et est dispensée des travaux du champ familial.

L'introduction du machinisme agricole (tracteur, charrette), qui permet d'alléger les tâches des agriculteurs, a surtout profité aux hommes qui ont plus de moyens pour s'en procurer. Toutefois, dans les familles où ces machines sont disponibles, les hommes apportent une aide plus grande aux femmes pour le labour de leur parcelle et le transport de leur récolte. Cet appui réduit évidemment le travail des femmes.

Pour ce qui est des femmes de pêcheurs, leur charge de travail est beaucoup moins lourde que celle des femmes d'agriculteurs. En effet, pour certaines activités de reproduction particulièrement pénibles (mouture des céréales, recherche de l'eau et du bois), elles utilisent de la main-d'oeuvre. Les tableaux ci-dessous donnent un aperçu de ces activités de reproduction menées par les femmes et les hommes en zone d'agriculture et en zone de pêche.

En définitive, quelle que soit l'aide dont bénéficient les femmes pour alléger leur charge de travail, elles disposent de moins de temps de repos et de loisir que les hommes. Dans toutes les communautés d'agriculteurs où nous avons mené les enquêtes, les hommes ont signalé que durant la saison des pluies, ils se reposent en moyenne entre midi et deux heures et au retour des champs. Aucune des femmes n'a notifié ce temps de repos, car ces moments de la journée sont consacrés aux travaux de reproduction. De même, les femmes ont rarement signalé, au contraire des hommes, « la visite aux parents et amis » durant la saison sèche [29].

---

[29] Voir annexe 8 : Emploi du temps d'une femme en saison sèche.

Tableau n°2 : Répartition par sexe des principales activités de reproduction en zone agricole

ACTIVITÉS DE PRODUCTION	EXERCÉES PAR LES FEMMES	EXERCÉES PAR LES HOMMES	EXERCÉES PAR LA MAIN-D'OEUVRE RÉTRIBUÉE
Entretien des enfants	X		
Soins de santé	X	X	
Lessive, balayage	X		
Préparation des repas	X		
Collecte de l'eau	X		
Collecte du bois	X		
Pilage du mil	X		X

Tableau n°3 : Répartition par sexe des principales activités de reproduction en zone de pêche

ACTIVITÉS DE PRODUCTION	EXERCÉES PAR LES FEMMES	EXERCÉES PAR LES HOMMES	EXERCÉES PAR LA MAIN-D'OEUVRE RÉTRIBUÉE
Entretien des enfants	X		
Soins de santé	X	X	
Lessive, balayage	X		
Préparation des repas	X		
Collecte de l'eau			X
Collecte du bois			X
Pilage du mil			X

NOTES : La main-d'oeuvre rétribuée est le plus souvent féminine.

À noter une différence entre les femmes de pêcheurs et les femmes d'agriculteurs : les premières ont tendance à utiliser de la main-d'oeuvre pour certaines activités comme la collecte de l'eau et du bois ou le pilage du mil. Cela est dû en grande partie au fait qu'elles ont des revenus plus importants.

2

La situation économique
des femmes

Chaque activité, qu'elle soit communautaire, de reproduction ou de production, exige des ressources et procure des avantages (économiques et/ou sociaux) à celui qui l'exerce, à sa famille et/ou à sa communauté.

Il est souvent souligné que les femmes rurales en Afrique, et notamment au Sahel, ont une faible productivité du travail et il est reconnu que « les tâches consommatrices de temps avec une faible production conduisent à de faibles revenus et par conséquent perpétuent le cycle de la pauvreté » [30].

La productivité et les revenus du travail dépendent certes de la capacité et de l'efficacité de l'individu qui exerce l'activité, mais aussi, de l'accès de ce dernier à diverses ressources.

Pour les femmes rurales, les principales ressources dont elles ont besoin pour améliorer leur productivité sont : les services communautaires, la terre, le crédit, la formation, les équipements technologiques appropriés et la pleine participation aux organisations paysannes.

Les possibilités limitées qu'elles ont de bénéficier et de contrôler ces différentes ressources vont largement influencer la constitution de leurs revenus, qui se retrouvent en grande partie investis dans les dépenses familiales.

2.1 Les ressources : accès et contrôle

Par rapport aux données que nous avons pu recueillir et à la situation économique des femmes enquêtées, il nous semble intéressant de nous

---

[30] Banque Mondiale : « L'Afrique subsaharienne. De la crise à la croissance durable. Étude de prospective à long terme » (Washington DC, 1989).

appesantir sur les ressources que sont : les infrastructures communautaires, la terre, le capital, la formation et la vulgarisation.

2.1.1 L'accès aux infrastructures communautaires

Les infrastructures communautaires : puits, forages, marchés, dispensaires, pharmacies ou écoles sont également accessibles aux femmes et aux hommes, même si, le plus souvent dans les villages, elles sont gérées et contrôlées par les hommes. L'existence ou l'absence de ces infrastructures communautaires a des répercussions sur les conditions de vie des populations et, plus particulièrement sur celles des femmes. L'absence de moyens d'exhaure de l'eau, de marché, ou de dispensaire par exemple, alourdit grandement leur charge de travail et a des effets négatifs sur leur santé et le déroulement de leurs activités économiques.

La plupart de ces infrastructures servent la femme dans ses activités de reproduction qui, lourdes et répétitives, demandent beaucoup de temps et sont indispensables à la survie de la famille. Le temps employé à chercher de l'eau, à couper du bois, à conduire les malades au dispensaire, à aller au marché..., est, pour la femme, du temps en moins pour développer des activités économiques.

Or, les différents programmes d'ajustement structurel mis en place dans les pays de la sous-région sont peu propices au développement des infrastructures communautaires villageoises jugées économiquement peu rentables.

Le tableau ci-après donne une présentation des infrastructures qui se trouvent dans certains villages des zones d'enquête.

Tableau n°4 : Infrastructures disponibles dans quelques villages des zones d'enquête

VILLAGES	POPU-LATION	NOM-BRE DE PUITS	NOMBRE DE FORAGES	CENTRE DE SANTÉ	MARCHÉ
Toya (Mali)	1 750	2	0	22 km	11 km
Bellesao (Mali)	450	1	0	40 km	10 km

VILLAGES	POPU-LATION	NOM-BRE DE PUITS	NOMBRE DE FORAGES	CENTRE DE SANTÉ	MARCHÉ
Kotaka (Mali)	2 041	6	0	15 km	15 km
Hondoubomo (Mali)	1 200	0	3	14 km	**
Faraba (Mali)	400	0	0	2 km	12 km
Doulou (Burkina Faso)	3 012	20	2	5 km	**
Saria (Burkina Faso)	4 253	300 *	6	**	**
Banantio (Burkina Faso)	3 559	600 *	0	7 km	6 km
Kintiali (Burkina Faso)	4 653	1000 *	1	**	8 km
Abdalla (Mauritanie)	444	0	0	15 km	15 km
Bachatt (Mauritanie)		0	0	2 km	2 km
Lehsey (Mauritanie)	774	0	0	20 km	20 km
Tchake (Niger)	1 457	2	0	15 km	15 km

LÉGENDE DU TABLEAU

* : puits traditionnels, peu profonds, creusés pour retenir les eaux de pluies.

** : infrastructures situées à l'intérieur du village.

Notons que dans les villages de la zone de Foum Gleita, les populations utilisent l'eau des canaux d'irrigation qui, bien entendu, n'est pas potable.

Ce tableau montre la faiblesse des infrastructures sanitaires. Or, en matière de santé, l'état des populations sahéliennes — particulièrement celui des ruraux — est caractérisé par des taux élevés de mortalité et de morbidité.

Dans ce contexte, les femmes sont les plus vulnérables. En effet, leur rôle de « garde malade » les expose à la contagion sans compter qu'elles ont le niveau nutritionnel le plus faible et sont très souvent surmenées physiquement.

Par ailleurs, les fécondités précoces, les grossesses nombreuses et rapprochées sans suivi prénatal font de la mortalité maternelle et infantile une cause importante de décès. Le faible niveau d'instruction des femmes rurales ne leur permet pas de bénéficier pleinement des programmes d'information et d'éducation sur la planification familiale et la santé, et d'utiliser les méthodes modernes de contraception.

Les moyens d'exhaure, tout en étant de plus en plus nombreux dans les villages restent encore insuffisants. L'accès à l'eau est encore considéré par plus de 95 % des personnes enquêtées comme un besoin concret et prioritaire. Notons que l'absence ou l'insuffisance de puits et/ou de forage influe sur la santé des populations et donne un surcroît de travail aux femmes.

2.1.2 L'accès à la terre

La terre est la principale ressource des agriculteurs qui constituent plus de 80 % de la population des zones étudiées.

Les modes traditionnels d'accès à la terre varient d'une ethnie à l'autre. Cependant, en Afrique, et particulièrement en Afrique sub-saharienne, la terre est généralement propriété du groupe et se transmet aux familles de génération en génération. Si elle peut être prêtée à des étrangers qui la mettent en exploitation ou l'occupent à des fins d'habitation, elle demeure inaliénable et intangible.

L'accès aux ressources foncières selon le droit traditionnel est loin d'être égalitaire. La possibilité de disposer des ressources naturelles est réduite pour certains utilisateurs du terroir : les femmes, les personnes en servitude, les pasteurs nomades ou les migrants ; les autorisations d'exploitation qu'ils obtiennent pouvant être remises en question à tout moment. L'absence de sécurité foncière qui en résulte décourage l'investissement productif sur le long terme.

Dans les zones d'intervention, les effets de la sécheresse, la désertification, l'érosion des sols et la déforestation ont accru la pression sur les ressources naturelles et en conséquence, ont réduit les possibilités pour les femmes d'accéder à la terre dans des conditions satisfaisantes (celle qui leur est allouée — à titre provisoire — est de plus en plus éloignée des concessions, appauvrie et de superficie réduite).

Les deux figures suivantes donnent à la fois une moyenne comparative de la taille des champs des hommes et des femmes dans les zones d'enquête du Burkina Faso et le pourcentage de femmes et d'hommes ayant de la terre [31] de culture dans quelques zones d'intervention d'ACOPAM.

Figure 1 : Superficie des champs des femmes et des hommes dans les zones d'enquêtes au Burkina Faso

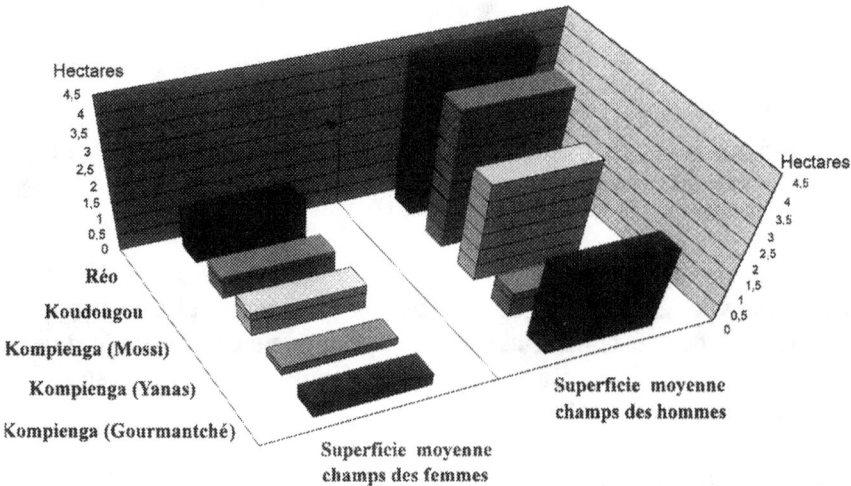

---

[31] Dans certaines communautés, les femmes peuvent exercer sur des parcelles de terre qu'elles exploitent un droit d'usufruit permanent et reconnu socialement. Ce droit, comme du reste celui des hommes appartenant à certaines catégories sociales dominées, peut être remis en cause dans certaines circonstances.

**Figure 2 : Pourcentage de femmes et d'hommes
ayant de la terre de culture**

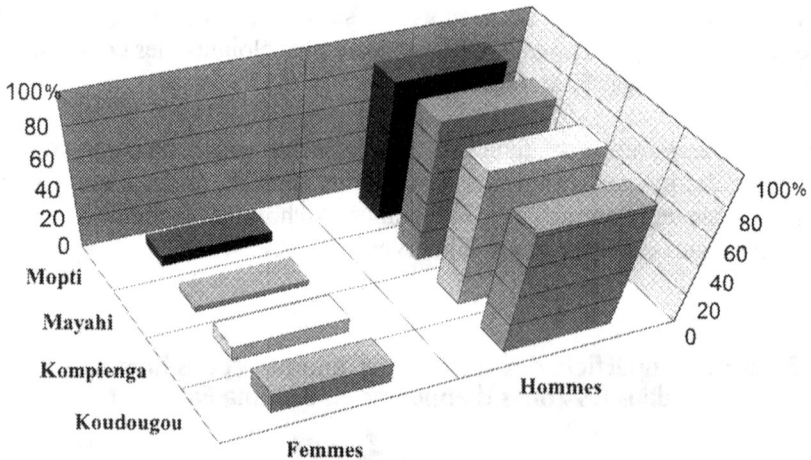

NOTE : Plus de 95 % des femmes ayant de la terre sont des veuves non remariées (sauf dans la zone de Koudougou) particulièrement dans la province du Sanguié où les femmes Gourounsi accèdent plus aisément à la terre.

Il faut souligner que si dans le passé la faible dimension des parcelles des femmes pouvait, en principe, se justifier par l'obligation alimentaire qui pesait sur le chef de famille, actuellement, l'importance croissante de la participation de la femme à l'alimentation familiale remet en cause la légitimité d'une telle situation.

Même si certaines réformes foncières et domaniales dans les pays du Sahel tentent de rendre l'accès à la terre plus égalitaire, les systèmes traditionnels d'allocation de cette ressource, basés sur les rapports sociaux ancestraux, demeurent vivaces. L'évocation du droit à la terre diffère selon le groupe. Aussi, les migrants se réfèrent au « droit moderne » alors que les autochtones veulent que s'applique le « droit coutumier ».

Cette résistance des coutumes se retrouve jusque dans les grands périmètres irrigués modernes où on retrouve des « chefs » vivant de rente foncière et des petits paysans se transformant en métayer, et dont les structures familiales se désagrègent (c'est par exemple le cas dans le périmètre irrigué de Foum

Gleita) [32]. Lors des enquêtes, il a été également constaté que nombre de paysans, notamment les Haratine [33], cultivent des parcelles enregistrées à leur nom, mais qui appartiennent effectivement à des « nobles » résidant le plus souvent dans la capitale, Nouakchott. Ce sont ces derniers qui paient les redevances, fournissent les intrants, et, bien entendu, disposent de la récolte.

La modernisation de l'agriculture, notamment l'introduction des cultures irriguées, modifie certes le régime de la propriété foncière, mais ne sécurise pas tous les exploitants et n'a pas fondamentalement changé le statut de la femme.

En attribuant les parcelles irriguées au « chef de famille », comme c'est le cas à Mopti, à Tombouctou et dans la Vallée du fleuve Sénégal, les structures de gestion des périmètres irrigués villageois en ont largement limité l'accès aux femmes. En effet, seules les femmes « chef de famille », c'est-à-dire veuves ou divorcées, peuvent devenir propriétaires. Or, nous savons que dans ces zones, les femmes n'héritent quasiment pas des biens fonciers, même si elles constituent une importante partie de la main-d'oeuvre agricole.   Les divorcées, analphabètes et sous le joug de la tradition, ont peu de possibilité de recourir à la justice pour se voir attribuer la parcelle exploitée avec l'ancien mari.

Contrairement à ce qu'on peut penser, la forte émigration masculine que connaissent ces zones n'a pas d'incidence positive sur la situation des femmes qui font remarquer que le départ des hommes occasionne pour elles un surcroît de travail et de responsabilités, qui ne s'accompagne pas d'une augmentation de leurs droits ou d'une amélioration de leur statut. Le plus souvent, les structures patriarcales s'en trouvent renforcées : les épouses et les filles de l'émigré passent sous l'autorité (parfois plus sévère) du chef de lignage. Il revient à ce dernier de gérer les récoltes cultivées par les femmes et les enfants. À son retour, l'émigré retrouve ses « propriétés » : « femmes, enfants, champs et parcelles irriguées... »

---

[32] Pour plus de précisions sur le périmètre irrigué de Foum Gleita, voir la Thèse de M. E. M. O. Isselmou « Contribution à l'étude de l'impact socio-économique du projet Gorgol Noir en Mauritanie » (Thèse de troisième cycle en Agronomie. Institut Agronomique et Vétérinaire Hassan II. Rabat, Janvier 1992), et Diop M. et Guisset A. : « Étude socio-économique du périmètre du Gorgol à Foum Gleita en Mauritanie » (ACOPAM, Dakar, 1991).

[33] Les Haratine sont des négro-mauritaniens, anciens esclaves des Beydane (maures).

Dans le périmètre de Foum Gleita, où c'est la notion « d'actif » qui est à la base de l'attribution de la parcelle, l'homme comme la femme bénéficient, chacun, de 0,25 ha. Toutefois, la situation de la femme n'y est pas fort différente de celle des femmes des autres périmètres ; en effet, plus de 80% des femmes enquêtées ont révélé que leur parcelle se retrouve de facto ajoutée à celle de leur mari. Ainsi, malgré l'introduction de ce concept d'actif, moins de 20 % des femmes gèrent effectivement leur parcelle et sont membres des coopératives.

Par ailleurs, il est bon de noter le cas particulier des pêcheurs enquêtés à Foum Gleita et à Faraba qui, en migrant vers les lacs artificiels, ont perdu l'accès à la terre. Dans leur nouveau lieu de résidence, les « propriétaires fonciers » ne leur « donnent » pas de terres à cultiver, seul un lopin pour leur campement leur est offert. Or, toutes les femmes de pêcheurs enquêtées expliquent que dans leur région d'origine, elles avaient la possibilité de cultiver des lopins de terre, ce qui leur permettait d'améliorer leurs revenus tandis que les cultures familiales venaient renforcer la sécurité alimentaire. Dans leur nouveau lieu de résidence, le lac est désormais la principale ressource des communautés de pêcheurs. Le principe est que son accès et son utilisation sont libres, les règles à respecter étant les mêmes pour tous [34]. Toutefois, l'accès des femmes au lac dépend largement des règles sociales : dans les trois zones d'enquête, seules les femmes de Faraba ont le droit de pêcher aux abords du lac.

Les différentes réformes foncières, qui ont formalisé le droit de propriété agraire, sous forme collective et/ou individuelle, n'ont pas eu d'effets particulièrement positifs sur l'accès des femmes à la terre. À l'élimination de la discrimination officielle à l'égard du droit des femmes à la terre, il faudrait ajouter la discrimination traditionnelle, plus complexe et plus résistante.

Les difficultés que rencontrent les femmes à posséder de la terre limitent largement leur capacité à bénéficier d'autres ressources comme le crédit.

---

[34] La gestion du lac est souvent étroitement liée à celle de la terre : qui gère la terre, gère l'eau. La gestion des lacs artificiels ne va pas sans poser de nombreux problèmes. Le plus souvent, les propriétaires terriens, n'étant pas des pêcheurs, ne veillent guère à la bonne utilisation de cette ressource, ce qui conduit à une exploitation anarchique.

2.1.3 L'accès au crédit

L'une des ressources dont dépend la productivité du travailleur est le capital, qui peut appartenir en propre aux individus [35] ou leur être prêté.

En Afrique, particulièrement dans les zones d'intervention d' ACOPAM, les institutions classiques de financement sont très peu présentes auprès des producteurs ruraux, et des plus pauvres notamment. Les structures gouvernementales, les programmes de développement et les rares banques agricoles (Caisses Nationales de Crédit Agricole), qui interviennent en milieu rural, sont peu disposées à accorder des appuis financiers aux femmes.

Les activités des femmes, de par leur petite dimension et leur caractère saisonnier, sont le plus souvent considérées comme un simple prolongement de leurs tâches ménagères et non comme des activités économiques nécessitant un capital et pouvant leur permettre de bénéficier de crédits. À cela s'ajoute le fait que les femmes, privées de biens immobiliers ou autres, n'ont aucune garantie à offrir.

Depuis quelques années, des systèmes de crédit alternatifs sont initiés par les programmes de développement et les organismes d'appui ; mais, le plus souvent, ils ne ciblent pas spécifiquement les femmes qui en bénéficient et y participent peu. Car, bien que simplifiées, les procédures à suivre et les garanties demandées sont encore trop lourdes pour elles. Pour pallier les difficultés d'accès aux crédits, les femmes mettent en commun leurs ressources sous forme de groupes de tontine, d'associations de prestation de services, de groupes d'entraide. En milieu rural, ces structures ont de nombreuses limites et répondent surtout à des besoins de consommation ou d'obligations et de protection sociales.

Des enquêtes menées, il ressort que les femmes et les hommes utilisent différemment les crédits. En général, les crédits alloués aux femmes sont de petites sommes provenant des réseaux informels et sont investis dans des activités génératrices de revenus, dans la consommation du ménage ou dans des activités sociales. Les hommes, quant à eux, bénéficient souvent de

---

[35] En ce qui concerne les ressources personnelles, le niveau de vie des populations rurales est si bas que leurs revenus sont très faibles. Cependant, les hommes, de par leurs revenus et l'utilisation qu'ils en font, arrivent plus souvent que les femmes à réaliser des investissements productifs.

crédits plus substantiels leur permettant d'acquérir des moyens et du matériel de production.

C'est pour tenter de briser le cercle : « pas de terre, pas de crédit, pas d'amélioration des revenus », que le Programme ACOPAM a développé certaines actions de financement en faveur des femmes. C'est le cas notamment des trois projets qui appuient les femmes dans leurs activités de commercialisation de poissons (projet MLI/005, Mali), de petit élevage domestique (projet NER/003, Niger) et de développement de leurs activités économiques (projet BKF/007, Burkina Faso).

Dans les 26 villages où interviennent ces trois projets, alors que 45 % des hommes enquêtés disent avoir bénéficié de crédits individuels en équipement et intrants agricoles de la part de structures gouvernementales ou de programmes de développement (autres que ACOPAM), les femmes n'ont eu accès qu'à des crédits collectifs pour l'achat de moulins dans 5 villages de la zone de Koudougou [36].

2.1.4 L'accès à la formation

Les efforts déployés ces dernières années en Afrique sahélienne par les gouvernements, les partenaires de coopération et les projets de développement pour renforcer le niveau de formation des populations rurales ont été davantage dirigés vers les hommes.

En relevant que les femmes bénéficient beaucoup moins que les hommes de la formation et des programmes d'alphabétisation, qu'elles ont moins de chance qu'eux d'accéder aux informations et aux services d'appui, les enquêtes ne font que corroborer les différentes statistiques nationales et internationales [37].

---

[36] Ces données ne prennent pas en compte les actions menées par ACOPAM. Elles justifient la pertinence de son intervention.

[37] Au Burkina Faso, seules 22 % des femmes ont accès à la vulgarisation agricole. Ce chiffre largement au-dessus de la moyenne mondiale, qui est de 2 % (Source : FAO « Les femmes dans le développement agricole. Plan d'Action de la FAO » Rome, 1991), est le résultat d'une option politique qui a conduit le gouvernement Burkinabé à donner des directives précises pour que les vulgarisateurs s'intéressent à l'agriculture de subsistance, à la transformation des produits du petit élevage, et pour que soient recrutés de nombreux agents de sexe féminin.

Au Niger, dans les 16 villages cibles du projet NER/003, nous n'avions pu identifier, au démarrage des actions, que moins d'une dizaine de femmes ayant bénéficié d'une formation en alphabétisation et pouvant tenir des documents de gestion simplifiés. Ce chiffre était encore plus faible dans la province du Boulkiemdé (projet BKF/007) et dans les trois campements de Faraba (projet MLI/005) où aucune femme n'avait bénéficié dans sa vie d'une formation quelconque aux techniques modernes. Cette situation les oblige, dans le cadre de la gestion de leurs activités, à solliciter l'appui des hommes. Or, dans bien des cas, cette aide leur retire le suivi et le contrôle de leurs actions économiques. Il est peu probable d'arriver à renforcer l'autonomie des femmes et leur participation aux sphères de décisions, si un accent particulier n'est pas mis sur leur formation et leur alphabétisation.

L'introduction de programmes de formation et d'alphabétisation fonctionnelle dans les trois projets en question a permis aux femmes de renforcer leur autonomie dans la gestion de leurs activités économiques, de décider plus librement de la conduite de celles-ci et de participer davantage à certaines décisions communautaires.

La problématique de la formation des femmes rurales est aussi liée à la fréquentation de l'école par les enfants. Les enquêtes font ressortir que sur l'ensemble des enfants scolarisés, seul 1/5ème sont des filles. Ces dernières ayant, dès leur jeune âge, des tâches familiales à remplir, les parents ne voient pas toujours l'utilité de les envoyer à l'école [38].

Par ailleurs, il ne fait pas de doute que l'alphabétisation et l'instruction des jeunes filles et des femmes ont une influence positive sur leur santé et sur celle de leur famille. Les nombreuses enquêtes démographiques et de santé menées dans la sous-région montrent que le niveau d'instruction de la femme joue un rôle prépondérant dans la baisse de la mortalité maternelle et infantile. En effet, plus les femmes sont instruites plus on relève une baisse de la fécondité, un meilleur état sanitaire et nutritionnel de la mère et des enfants, une réduction de la mortalité infantile et juvénile.

---

[38] Cette moyenne cache des disparités entre les pays, les filles étant plus scolarisées au Burkina Faso qu'au Niger ou en Mauritanie.

2.1.5 L'accès aux techniques et équipements agricoles modernes

L'accès inégal au crédit, à l'information et à la formation affecte l'acquisition des techniques de production par les femmes.

Les résultats des enquêtes montrent que la très grande majorité des productrices utilise peu d'intrants (engrais, pesticide), de techniques de production ou d'outils agricoles modernes, ce qui a des effets négatifs sur leur productivité.

Figure n° 3 : Pourcentage de femmes et d'hommes utilisant les pesticides

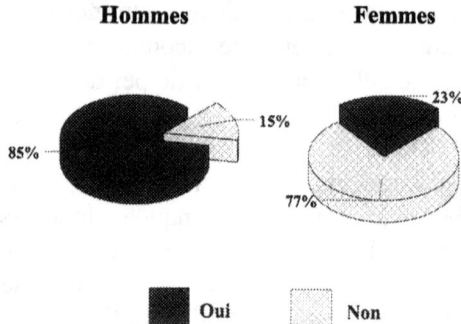

L'emploi des technologies dans le domaine de l'agriculture (mécanisation, irrigation, variétés de semences améliorées...) a pour objectif de réduire la pénibilité du travail, d'économiser du temps et d'augmenter les revenus des hommes et des femmes. Cependant, il ne faut pas perdre de vue que l'introduction d'une technique peut affecter grandement la vie des femmes et que la modernisation de l'agriculture ne s'est pas toujours réalisée à leur avantage [39].

---

[39] Nous verrons dans le chapitre suivant comment la mise en place de cultures d'irrigation peut affecter les conditions de vie des femmes, alourdir leur charge de travail et réduire leurs revenus.

2.1.6 L'accès aux organisations rurales

Les populations du Sahel, pour faire face aux incertitudes économiques et renforcer leur cohésion sociale, ont développé des formes d'organisation d'entraide et de solidarité.

Les transformations socio-économiques — notamment les processus de démocratisation et de libéralisation économique qu'ont connus ces dernières années les pays africains — ont eu des répercussions sur le mouvement associatif en général et sur celui du monde rural en particulier. Ainsi ces dernières années ont été marquées au Sahel par l'éclosion d'un tissu associatif, coopératif et mutualiste qui, progressivement, se structure et devient autonome. De plus en plus, les diverses organisations de producteurs se regroupent autour d'objectifs communs pour la défense de leurs intérêts.

Cependant, la place des femmes dans l'émergence de ce mouvement associatif rural est assez limitée. Certes, elles ont une tendance croissante à se regrouper, notamment en relation avec les projets de développement, pour mener des activités économiques et renforcer le cadre traditionnel de leur solidarité ; mais ces organisations féminines ont souvent l'inconvénient d'être fragmentées, limitées au village, au quartier ou au cadre familial élargi. De ce fait, elles n'ont pas la force nécessaire pour développer des stratégies réelles et autonomes de participation aux processus de prises de décisions à l'échelle communautaire et/ou nationale. Dans les organisations mixtes par exemple, le rôle des femmes est le plus souvent « marginal ». Elles participent peu aux débats et sont en majorité absentes des sphères de décisions.

En conclusion, la question de l'accès et de la participation des femmes aux organisations rurales est loin d'être simple. Elle est étroitement liée aux contraintes économiques, sociales, culturelles et/ou religieuses des femmes dans leur communauté, à la place qui leur est faite et aux différents rôles qu'elles doivent assumer. Les femmes ont une conscience très profonde de la nécessité pour elles de s'organiser, de s'associer, de se regrouper « pour être plus fortes et plus autonomes ». Elles ont besoin, entre autres, de temps, de formation, d'information, d'échanges d'expériences pour créer des bases de solidarité, déterminer leurs intérêts et leurs attentes partagés et développer des stratégies pour leur participation à l'émergence du mouvement associatif rural.

2.2 Constitution et utilisation des revenus

Les bénéfices que les femmes et les hommes tirent du travail familial, individuel et/ou communautaire sont multiples. Ils peuvent inclure la couverture des besoins fondamentaux (nourriture, habillement, santé, logement), la possession de biens, le revenu monétaire, le pouvoir... Ils sont largement tributaires de la possibilité et de la capacité d'exercer une activité économique et de l'accessibilité des moyens de production.

Malgré les efforts que les femmes rurales déploient, le temps et l'ingéniosité qu'elles investissent dans leur production, le rapport « coût/avantage » de leurs activités économiques est bien souvent limité et les revenus qu'elles en tirent sont extrêmement réduits. La grande majorité d'entre elles n'a, par ailleurs, qu'un contrôle restreint sur l'affectation de ces revenus le plus souvent injectés dans les besoins globaux de la famille.

La division du travail est marquée par l'importance de la contribution des femmes aux activités génératrices de revenus et à celles de reproduction, ainsi que l'ampleur de leur charge de travail. Pourtant, les rétributions sociales et économiques pour les travaux qu'elles effectuent sont faibles comparativement à celles des hommes.

Les femmes rurales tirent leurs revenus monétaires de leurs activités économiques principales (agriculture, élevage, pêche) et annexes (artisanat, petit commerce, transformation des produits de base, restauration...)

Pour l'agricultrice, les contraintes liées à la division sexuelle du travail, à l'accès aux facteurs de production et aux ressources communautaires limitent considérablement la productivité de la femme rurale. Par ailleurs, l'emploi d'une partie de plus en plus large de sa production personnelle à l'alimentation de la famille réduit ses possibilités d'en tirer des revenus monétaires propres. Les travaux que les femmes effectuent sur les champs familiaux font parfois l'objet de faibles gratifications en argent ou en nature.

Dans les périmètres irrigués, les femmes, tout en reconnaissant une plus grande sécurité alimentaire, ont déploré un impact négatif sur leurs activités annexes et les revenus qu'elles en tirent.

La figure suivante donne une comparaison entre la moyenne des revenus des hommes et des femmes dans des villages des zones d'enquête du Mali et du Burkina Faso.

Figure 4 : Moyenne des revenus monétaires annuels des femmes et des hommes agriculteurs

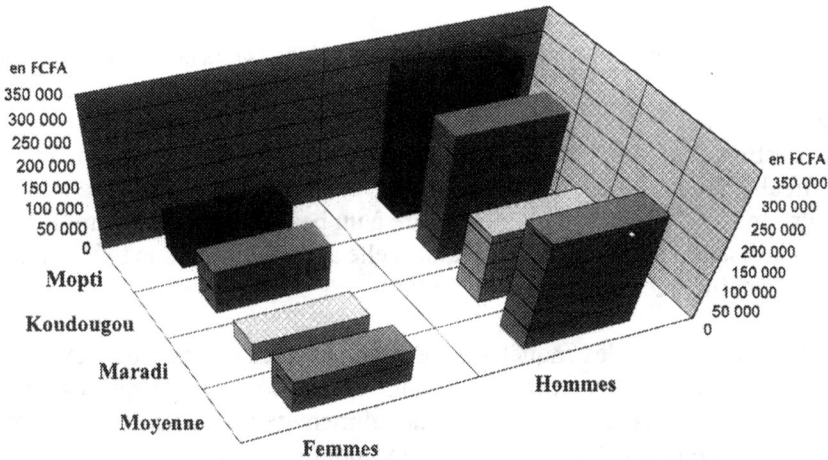

La moyenne totale des revenus monétaires montre qu'il n'y a pas une très forte disparité entre les agriculteurs de ces différents pays. Les revenus plus élevés des agriculteurs (hommes) de la zone de Mopti s'expliquent par l'exploitation de périmètres irrigués, en plus des cultures traditionnelles.

Malgré la présence de périmètres irrigués, les femmes enquêtées dans la zone de Mopti n'ont pas de revenus plus importants que celles de zones exploitées en cultures pluviales. Ces femmes font remarquer qu'en augmentant le temps nécessaire au désherbage, au repiquage et à la récolte, les périmètres irrigués leur imposent de nouvelles obligations qui réduisent leur capacité de poursuivre d'autres activités économiques, tel que le petit commerce.

Si les revenus des hommes proviennent très largement de la vente de la production agricole, ceux des femmes sont davantage tributaires de leurs activités annexes. Les femmes des zones d'enquête au Burkina Faso et au Niger vendent moins de 2 % de leurs céréales ; le reste sert à l'alimentation familiale. À Mopti, certaines femmes disent devoir subtiliser une partie de la récolte de riz, pour la piler et la vendre, à l'insu du mari. À Foum Gleita et à Podor, elles ne commercialisent que leur production maraîchère.

Lorsque l'élevage est l'activité principale de la famille, il incombe à la femme de transformer et de commercialiser les produits laitiers. Dans le passé, les revenus issus de cette vente lui revenaient et étaient en grande partie investis dans des dépenses sociales et de prestige personnel. Aujourd'hui dans bien des cas, une partie doit être restituée à l'homme, le reste servant aux besoins alimentaires, de santé et d'habillement de la famille.

Dans le milieu des éleveurs, Peul, Touareg ou Haoussa, la commercialisation du bétail de la femme répond à certaines normes sociales et ne peut s'effectuer sans le consentement du chef de famille, qui se charge de la vente. En contrepartie, la femme lui donne un « pourboire ». Cependant, en cas de difficulté, l'homme peut décider de vendre une bête appartenant à sa femme pour son usage propre ou pour répondre à un besoin familial. Il semble que si l'autorisation de la femme est requise, elle apparaît beaucoup plus comme une formalité que comme une obligation [40].

Dans les milieux où les enquêtes ont été réalisées, les revenus monétaires de la pêche sont les plus élevés. Toutefois, il faut déjà relever qu'en grande partie, ces revenus sont employés pour l'alimentation familiale, notamment l'achat de céréales. La figure suivante donne la moyenne des revenus monétaires dans les communautés de pêcheurs à Kompienga et à Faraba.

Figure 5 : Moyenne des revenus monétaires annuels dans des communautés de pêcheurs

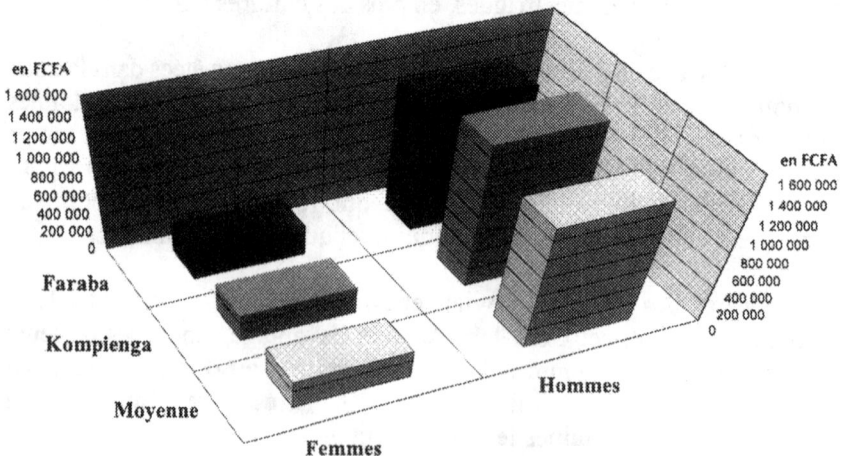

---

[40] Voir J. Pointing et S. Joekes, Op. Cit. et Baroin : « Les droits sur le bétail et les rapports sociaux : le statut de la femme chez les Toubous du Niger » (University of East Anglia, Development Studies Discussion Paper, 1981).

Les figures 4 et 5 montrent que les revenus monétaires de la femme rurale, dans la sous-région, varient plus en fonction de ses activités économiques principales que de son milieu géographique.

Dans les zones agricoles non irriguées, l'essentiel des revenus des agricultrices dépend de leurs activités secondaires, qui sont généralement très aléatoires. Par ailleurs, le faible capital investi se retrouve souvent utilisé pour résoudre des problèmes familiaux.

Si chaque individu contrôle les revenus issus de son travail, de nombreuses règles socio-culturelles limitent grandement les possibilités des uns et des autres à en définir l'utilisation et à en imposer le choix. Rares sont les paysannes qui peuvent décider, seules, de l'utilisation de leur récolte ou des bénéfices qu'elles retirent de leurs activités économiques.

Dans la plupart des communautés rurales, l'utilisation des revenus des femmes a connu une mutation. En effet, l'obligation traditionnelle faite aux chefs de famille de nourrir, habiller et loger sa famille a tendance à s'amoindrir et dans toutes les zones d'enquêtes, les femmes ont relevé l'obligation alimentaire de plus en plus lourde qui pèse sur elles.

En milieu Mossi (Burkina Faso), nombreuses sont les femmes qui prennent désormais en charge l'alimentation familiale à partir de leurs récoltes, le grenier familial, en fait de l'homme, étant utilisé pour faire face aux obligations sociales (fêtes, funérailles) et servir d'appoint. En milieu Haoussa (Niger), les femmes de certains villages du département de Maradi ont tenu à souligner la tendance des chefs de famille à ne remplir leur obligation de nourriture qu'à l'endroit de la femme qui est « de tour »[41]. Cette évolution conduit les femmes à devoir acheter des céréales complémentaires.

Traditionnellement, la production de la femme, sauf en cas de disette, était utilisée pour répondre à ses obligations sociales et à ses dépenses personnelles, constituer un capital pour ses activités économiques, acquérir du cheptel, préparer les trousseaux de ses filles... Le recours aux femmes comme main-d'oeuvre gratuite dans les champs familiaux est d'ailleurs justifié par l'obligation d'entretien qui pèse sur le chef de famille.

---

[41] Ces résultats ont été longuement discutés avec les femmes qui les ont confirmés.

Les populations situent l'accroissement des obligations des femmes à partir des années de sécheresse, au milieu des années 70 et dans les années 80, lorsque les hommes ont dû émigrer vers les villes.

Pour les femmes des milieux de pêcheurs, cette tendance est beaucoup moins nette même si, à l'instar des autres femmes impliquées dans d'autres activités, la participation aux dépenses familiales s'est également accrue. Cependant, les hommes de ces communautés estimant devoir répondre à leurs obligations fondamentales, l'appui de la femme n'est souhaité qu'en cas de difficultés : baisses des captures, maladie, indisponibilité...

Outre cette participation accrue à l'alimentation du ménage, les revenus des femmes sont largement réinvestis dans l'amélioration des conditions de vie de la famille : soins de santé, habillement, condiments, scolarisation des enfants... Aussi la femme rurale utilise-t-elle très peu ses revenus pour elle-même, pour son propre bien-être.

Les tableaux suivants montrent que les biens possédés par les femmes sont le plus souvent utilitaires (ustensiles de cuisine, petit matériel, natte...). Rares sont celles qui peuvent se permettre d'acheter des biens non usuels, de constituer une épargne ou, à l'instar de nombreux hommes, d'investir dans l'amélioration de leurs moyens de production. Ces derniers, ayant plus de flexibilité dans l'utilisation de leurs revenus (même ceux issus du champ familial), peuvent se permettre de faire de fortes dépenses pour leurs besoins personnels : vélo, investissement dans les facteurs de production, dot pour une nouvelle épouse, loisirs, épargne...

Tableau n° 5 : Pourcentage des revenus alloués aux dépenses principales dans des communautés d'agriculteurs

DÉPENSES EFFECTUÉES	POURCENTAGE ALLOUÉ PAR LA FEMME	POURCENTAGE ALLOUÉ PAR L'HOMME
COMPLÉMENT CÉRÉALES	12 %	0,5 %
CONDIMENTS	5,9 %	5,6 %
SOINS DE SANTÉ	23,5 %	18,5 %
HABILLEMENT	19 %	7,3 %
SCOLARITÉ	10,6 %	4,3 %
BIJOUX	1,05 %	

DÉPENSES EFFECTUÉES	POURCENTAGE ALLOUÉ PAR LA FEMME	POURCENTAGE ALLOUÉ PAR L'HOMME
OBLIGATIONS SOCIALES	3,5 %	20,6 %
AMÉLIORATION HABITAT	5,2 %	8,5 %
USTENSILES DE CUISINE	8,4 %	
BÉTAIL/VOLAILLE	3,6 %	6,4 %
TONTINE	1,3 %	
OUTILS AGRICOLES	1,9 %	4,5 %
INTRANTS	0,4 %	8,8 %
ÉCONOMIE - RÉSERVE	0,5 %	12,2 %
AUTRES DÉPENSES	3,15 %	2,8%
TOTAL	100 %	100 %

NOTE : Ce tableau a été réalisé à partir des données recueillies dans 10 villages du Burkina Faso, du Mali, de Mauritanie, du Niger et du Sénégal.

Les autres dépenses sont celles qui varient d'un individu à l'autre et qui sont ponctuelles, par exemple un voyage, un don charitable occasionnel...

Tableau n° 6 : Pourcentage des revenus alloués aux dépenses principales dans des communautés de pêcheurs

DÉPENSES EFFECTUÉES	POURCENTAGE ALLOUÉ PAR LA FEMME	POURCENTAGE ALLOUÉ PAR L'HOMME
COMPLÉMENT CÉRÉALES	4 %	30,6 %
CONDIMENTS	1,7 %	7,3 %
SOINS DE SANTÉ	2,4 %	5,9 %
HABILLEMENT	26,5 %	15,3 %
SCOLARITÉ	0 %	0%
BIJOUX	18,9 %	0 %
OBLIGATIONS SOCIALES	10 %	3,4 %

DÉPENSES EFFECTUÉES	POURCENTAGE ALLOUÉ PAR LA FEMME	POURCENTAGE ALLOUÉ PAR L'HOMME
AMÉLIORATION HABITAT	1,1 %	4,5 %
USTENSILE DE CUISINE	3,3 %	0 %
BÉTAIL/VOLAILLE	0,1 %	—
TONTINE	16,2 %	7 %
OUTILS AGRICOLES	3,4 %	14,7 %
ÉCONOMIE - RÉSERVE	10,7 %	10,9 %
AUTRES DÉPENSES	1,7 %	0,4 %
TOTAL	100 %	100 %

NOTE : Les données du tableau proviennent des enquêtes réalisées auprès des trois campements d'où sont issus les membres de la coopérative de Faraba.

Une comparaison des tableaux 5 et 6 montre que la femme dans les communautés de pêcheurs a une plus grande disponibilité de ses revenus monétaires. Plus que les femmes d'agriculteurs, elle investit dans des dépenses liées à son bien-être personnel, son prestige et ses moyens de production.

3

La position sociale des femmes

La société africaine est un ensemble de groupes différenciés, structurés en fonction de leur croyance, de leur religion, et qui présente des clivages par sexe, âge, fraternité, alliances, associations...

S'il est vrai que l'organisation sociale est variable d'une ethnie et d'un groupe à l'autre, toutes les communautés étudiées sont patriarcales, ce qui leur confère bien des caractéristiques communes, et permet de dégager, au-delà de certaines spécificités, nombre de similitudes. Dans l'ensemble de ces sociétés, la femme détient un faible pouvoir décisionnel, que ce soit au sein de sa famille ou de sa communauté [42].

Dans la famille, les responsabilités et les pouvoirs sont circonscrits selon les domaines d'activités. Mais, quelles que soient les responsabilités de la femme, il revient à l'homme de prendre toute décision « jugée importante ». Lorsqu'on demande aux femmes de caractériser une « décision importante », il en ressort que celle-ci est souvent fonction des humeurs du chef de famille. Aussi, ce dernier peut-il intervenir directement dans l'organisation des travaux ménagers, alors même que ce droit est, en principe, délégué à la première femme ou à la femme la plus âgée de la concession.

En fait, le premier pouvoir que les femmes pourraient détenir, « celui de décider pour elles-mêmes », ne leur est pas toujours reconnu. Gérer son temps, décider de sa vie, utiliser ses revenus..., dépendent des traditions et du chef de famille. Si la femme est libre d'organiser son calendrier agricole, cela ne doit pas faire oublier que ce calendrier dépend étroitement de celui décidé pour les champs familiaux. L'emploi de ses revenus, quant à eux, sont fonction de l'appui que son mari décidera d'apporter à la famille. Dans les

---

[42] Nous avons noté, chez la femme en milieu animiste traditionnel, une autonomie décisionnelle un peu plus large, qui semble due à l'organisation sociale et politique. Cela n'a pu être étudié que dans quelques villages de la province du Sanguié au Burkina Faso, les autres sociétés étant toutes islamisées.

ménages polygames, la place de la femme dans le mariage, le fait qu'elle a ou non des enfants, ont un impact sur son statut et sur les possibilités qui lui sont offertes d'être associée aux prises de décisions familiales.

Cette différenciation de statut entre la femme et l'homme se fait dès le jeune âge. Le garçon est progressivement détaché du monde féminin et son éducation prise en charge par les hommes de la concession. À 7 ans, il prend désormais ses repas et dort avec les hommes, son éducation n'incombe plus à sa mère. La fille, dès l'âge de 5 ans, apprend auprès des femmes les tâches ménagères qu'elle accomplira toute sa vie pour remplir ses rôles d'épouse et de mère [43]. Ainsi, malgré le fait que la femme est source de procréation, qu'elle a l'obligation de donner des enfants au groupe [44], elle a peu d'autorité sur ceux qu'elle met au monde. Il revient à l'homme d'exercer sur eux le pouvoir juridique et social.

Les pouvoirs, qu'ils soient familiaux, religieux, traditionnels, administratifs, ou économiques, sont entre les mains des hommes. Aucune des femmes issues des 44 villages enquêtés n'a un poste de responsabilité au niveau communautaire. Seules les femmes d'un âge très avancé peuvent voir leur statut social s'élever et participer, dans une certaine mesure, aux décisions communautaires. Elles jouent plus souvent le rôle d'intermédiaire entre les « pouvoirs » et les femmes.

Des enquêtes effectuées, il ressort que peu d'hommes sont enclins à renforcer cette participation. Ils estiment qu'elle ne serait pas un « plus » pour la communauté et qu'elle serait difficile à mettre en oeuvre car la femme, le plus souvent, est étrangère à la communauté, même si de par son mariage, elle y vivra toute sa vie. Par ailleurs, elle ne peut, autant que l'homme, être responsable des coutumes, des religions, des règles sociales fixant certaines limites que l'on ne peut enfreindre. Les femmes ne peuvent être « plus » qu'épouse et mère.

---

[43] Les questions posées sur les tâches effectuées par les enfants montrent qu'à partir de 5 ans la fillette est en âge de remplir certaines activités telles que la garde des enfants et l'aide à la préparation des repas. À 10 ans, il lui revient d'aller chercher le bois et l'eau, d'aider à piler le mil. À cet âge, garçons et filles aident aux travaux agricoles, et chez les éleveurs, les garçons surveillent les troupeaux.

[44] Dans presque toutes les communautés, la femme stérile est considérée comme inférieure et parfois maudite.

Les femmes sont conscientes de leur situation de défavorisée et des contradictions qui surgissent de par leur statut en ce qui concerne notamment leur participation à la gestion des ressources naturelles et aux prises de décisions [45].

Les transformations que connaissent les sociétés sahéliennes, donnent parfois aux femmes les possibilités de prendre (ou d'imposer ?) certaines décisions. Aussi, de plus en plus, les femmes revendiquent du temps pour cultiver leur champ propre, décident d'investir une partie conséquente de leurs revenus dans des biens personnels, se retrouvent au sein d'organisations pour défendre leurs intérêts, et les jeunes filles refusent les mariages forcés...

Souvent, la femme rurale est présentée comme « conservatrice », « résistante aux innovations », « désireuse de garder coutumes et traditions ». Si cela est vrai dans une certaine mesure, cette même femme peut constituer une véritable force de changement et de transformation, dès lors qu'elle perçoit la pertinence des actions et des mutations qui s'opèrent. Pour illustrer cela, nous livrons un aperçu de « l'image de soi » des femmes bénéficiaires du projet BKF/007, au démarrage des actions et deux ans après.

AU DÉMARRAGE DES ACTIONS	QUELQUES MOIS APRÈS...
Nous sommes sous la tutelle de nos maris	Nos maris doivent nous appuyer dans nos activités
Il incombe aux hommes de décider	Nous devons renforcer nos actions avant d'y associer les hommes, nous avons encore trop peu de pouvoir
Nous devons nous occuper de notre famille et il nous revient de mener nos tâches de reproduction	Nos activités sont importantes pour la famille, nous devons disposer de temps pour nous former et nous organiser
Nos activités dépendent de notre temps disponible	Nous devons participer aux prises de décisions car elles concernent notre vie et nous avons des idées complémentaires à donner, nous devons être consultées

[45] Voir annexe 3 : Paroles de femmes.

AU DÉMARRAGE DES ACTIONS	QUELQUES MOIS APRÈS...
Nous ne pouvons pas avoir droit à la terre	Nous apprenons à parler, à participer à la réflexion avec les hommes
Les décisions concernant la communauté et la famille sont du ressort des hommes	L'appui des hommes du village est utile pour résoudre certains problèmes
Il nous est difficile de parler devant les hommes	Les femmes doivent participer à la politique pour que nos besoins à nous femmes soient pris en compte

Cette « image de soi » des femmes provient des différentes questions posées à propos des relations que les femmes sentent devoir avoir vis-à-vis des hommes. Notons que dans leur grande majorité les femmes enquêtées estiment positives les évolutions qui renforcent ou qui pourraient renforcer leur participation aux décisions.

4

La participation des femmes aux actions de développement

Ces dix dernières années, diverses stratégies visant « l'intégration des femmes au développement » [46] ont été élaborées et des efforts certains réalisés en vue d'améliorer la vie des femmes rurales dans la sous-région. Les gouvernements ont pris des mesures juridiques, sociales, économiques en vue d'une plus grande intégration des femmes ; tandis que les projets de développement incorporent plus systématiquement la participation des femmes dans leurs actions.

Toutefois, malgré les efforts déployés pour renforcer cette participation, les femmes, en tant que groupe spécifique, représentent encore la couche socio-économique la plus démunie ; cela, malgré l'augmentation considérable de leurs apports dans le processus de développement et l'accroissement constant de leurs responsabilités.

La participation consiste en un processus qui permet un engagement des populations dans la prise de décisions et la mise en oeuvre d'actions de développement pour en contrôler et en partager équitablement les bénéfices.

La population doit jouer un rôle capital dans ce processus :

* Elle peut et doit participer à la définition et à la résolution de ses propres problèmes (mobilisation de ressources locales, proposition et choix de nouvelles solutions, mise en place et développement d'organisations locales...) ;

---

[46] Les nombreuses actions — assez diversifiées — qui ont été initiées dans le cadre des politiques d'intégration des femmes au développement de la sous-région, ont trop souvent été limitées à l'amélioration des conditions de vie et à des réformes visant à corriger certaines inégalités trop criardes, sans prendre réellement en compte le statut des femmes.
Voir « Politique et stratégie de développement en faveur des femmes rurales » (FAO, Rome 1994).

* Elle a la responsabilité majeure de l'évolution des solutions dans la satisfaction de ses besoins ;
* Il lui appartient de prendre des initiatives et, elle doit avoir une autonomie pour le faire ;
* Il lui revient d'évaluer les actions qu'elle mène et de prendre des décisions pour les renforcer et/ou les améliorer.

La prise de décision par la communauté est en elle-même un processus complexe fait « d'apprentissage, de recherche, d'analyse, de discussions qui préludent au choix formel d'une action et qui l'influence » [47].

Aussi, un processus de participation réelle implique que l'ensemble de la population (femmes et hommes) soit pleinement associé aux actions et que, tous les groupes socio-économiques qui la composent prennent part aux responsabilités et au partage des richesses et des bénéfices.

Pour analyser la participation des femmes aux actions de développement, nous avons pris l'exemple des projets du Programme ACOPAM intervenant dans les zones d'enquête. Pour ce faire nous avons distingué trois types de projets : les projets « généraux », les projets à « composante femmes » et, les projets destinés spécifiquement aux femmes [48].

4.1 Les projets « généraux »

Ces projets, ouverts, en principe sans distinction, aux femmes et aux hommes, cherchent à faire bénéficier l'ensemble de la communauté de leurs actions.

Dans le cadre de l'exécution de tels projets, les femmes peuvent avoir l'opportunité de bénéficier pleinement des ressources financières, matérielles et humaines, de prendre des décisions et de partager des responsabilités avec les hommes de leur communauté. Cependant, ces possibilités de participation

---

[47] D. Curtis et al. : « Popular participation in decision-making and the basic needs approach to development » (BIT, Genève, 1978).
Voir aussi P. Oackley et D. Marsden : « Vers la participation dans le développement rural » (BIT, Genève, 1986).

[48] Typologie tirée du document du BIT : « Ouverture sur l'égalité des chances... », *Op. cit.*

égale ne sont pas automatiquement acquises ; elles supposent un certain nombre de préalables sociaux, culturels et économiques et la mise en place d'une stratégie d'implication des femmes aux différentes phases du projet. Les différentes situations analysées dans le cas du Programme ACOPAM montrent qu'il peut exister des obstacles à la participation des femmes à l'exécution des projets généraux.

Au démarrage de leurs activités, les projets d'appui à l'autogestion des périmètres irrigués de Mopti et de Foum Gleita n'ont pas pris en compte les rôles et les contraintes spécifiques aux femmes dans ce type d'agriculture. De ce fait, ils ont principalement travaillé avec les producteurs masculins et limité l'accès des femmes aux ressources et aux bénéfices des projets.

Dans la zone de Mopti, au cours des enquêtes, les femmes ont fait remarquer que le travail qu'elles effectuent dans les cultures irriguées — s'il améliore la sécurité alimentaire de la famille — a eu un impact négatif sur le développement de leurs activités économiques annexes. Or, une grande partie de leur revenu monétaire est tirée de telles activités. Cette exclusion des femmes aurait pu être évitée si elles avaient pu exprimer leurs contraintes lors de la définition des actions et si leurs différentes responsabilités dans les périmètres irrigués avaient été identifiées et incorporées aux actions du projet. Par ailleurs, les femmes ne faisant pas partie des « groupements de producteurs », ont été souvent « oubliées » des formations malgré leur présence dans les travaux agricoles et dans la commercialisation de la production [49].

À Foum Gleita, les femmes ont bénéficié des programmes d'alphabétisation au cours de la troisième phase du Programme ACOPAM. Cependant, elles ont été exclues des formations axées sur l'autogestion, réservées aux seuls organes élus des coopératives. Des discussions avec les femmes, il ressort qu'elles ne se sentent pas associées aux prises de décisions et sont peu informées des mesures arrêtées par l'Union des Coopératives. Plusieurs d'entre-elles interrogées, même en présence des hommes, ont affirmé vouloir bénéficier des formations et être présentes ou représentées par des femmes aux organes de gestion des coopératives.

---

[49] Toutes les études relatives aux Périmètres Irrigués Communautaires (PIC) réalisées par ACOPAM soulignent la participation des femmes aux travaux des périmètres en tant que main-d'oeuvre non rémunérée et la nécessité de les intégrer dans les actions des projets.

Les femmes enquêtées dans la zone de Mopti et de Foum Gleita ont souligné que les informations qu'elles détiennent sur l'exécution des activités proviennent habituellement de « ce qu'elles voient » ou des discussions informelles qu'elles ont avec les hommes. Elles ne se sentent pas réellement associées au déroulement des actions menées.

Les résultats préliminaires des enquêtes ont conduit les équipes des projets à porter une attention particulière à la participation des femmes aux actions entreprises.

Ainsi à Mopti, les réflexions ont permis d'identifier des axes d'intégration des femmes notamment aux activités de commercialisation des céréales, de culture de petites parcelles irriguées, de gestion du crédit et de formation. Des « actions test » d'appui à l'autogestion par les femmes, de périmètres irrigués privés et communautaires sont en cours d'exécution. Les premiers résultats, permettent à l'équipe d'adapter la méthodologie de formation et surtout de mieux mesurer les contraintes et les capacités des femmes à mettre en oeuvre de telles actions.

À Foum Gleita, l'équipe a défini des stratégies d'appui aux femmes dans leurs activités économiques traditionnelles afin d'accroître leurs revenus monétaires. Des réflexions sont en cours sur les possibilités de renforcer la participation des femmes aux instances de décisions des coopératives.

Au démarrage de ses actions, le projet BKF/008, « appui à la mise en oeuvre de l'approche gestion des terroirs », intervenant dans la zone de Kompienga, n'a pas intégré pleinement les femmes à ses activités de formation et d'information. Si, une femme est membre de chaque comité de gestion de terroir, les femmes en tant que groupe cible spécifique ont peu participé aux prises de décisions communautaires et ont bénéficié de manière réduite des résultats globaux du projet. Pourtant, il ne fait pas de doute que la gestion des terroirs villageois va grandement influencer leur vie. En effet, grande utilisatrice des ressources naturelles, l'on ne peut envisager d'en améliorer la gestion sans les y associer étroitement.

À Kompienga, nombre de femmes enquêtées ont estimé qu'une plus grande sécurité foncière et une association effective à la gestion des terres les conduiraient à adopter des pratiques culturales et une utilisation des ressources plus adéquates. Comme elles le soulignent, il est difficile d'enrichir une terre qui ne vous appartient pas et qui peut être reprise du jour au lendemain. D'autant plus que les propriétaires terriens n'acceptent pas la plantation d'arbres sur leur terre, car cela peut conduire à terme à une appropriation.

Il faut relever que cette préoccupation des femmes « d'avoir de la terre » est partagée avec d'autres groupes cibles notamment les migrants. Toutefois, les hommes migrants ont plus de possibilité de discuter de leurs contraintes au sein de divers comités de gestion de terroir, faculté qui n'est pas réellement offerte aux femmes.

Consciente des nombreuses difficultés que rencontrent les femmes pour accéder aux ressources et le rôle déterminant qu'elles jouent dans la gestion de l'environnement, l'équipe du projet se rapproche des groupements féminins pour déterminer avec eux les actions spécifiques à entreprendre. Par ailleurs les femmes, désormais associées aux séances d'information et d'animation relatives à la gestion du terroir villageois, donnent leur point de vue et bénéficient de meilleures connaissances sur leur environnement.

En ce qui concerne le projet SEN/005, « Banques Céréalières Villageoises », les « Stratégies Nationales » stipulent que « les femmes par le rôle qu'elles jouent dans l'économie familiale constituent le plus souvent les clientes privilégiées de la banque céréalière villageoise (BCV). À ce titre, elles peuvent contribuer de manière active à l'orientation et à la gestion de celles-ci » et considèrent que, dans leur démarche, elles doivent être guidées par « le souci d'associer tous les bénéficiaires pour qu'ils soient des acteurs dynamiques de toutes les opérations... » [50].

Les enquêtes menées sur le terrain, auprès notamment de l'Union de la zone test de Kolda (Sénégal), montrent que cette égalité théorique cache une réalité bien plus complexe. Au niveau de cette Union, les femmes représentent 66,30% des membres mais n'assument aucune responsabilité et sont peu informées des actions qui se déroulent. La plupart des femmes élues comme responsables des organes de gestion, tant au niveau de la base (village) qu'au niveau fédératif (union), ont très peu d'information sur les objectifs poursuivis et le fonctionnement des structures.

---

[50] République du Sénégal, Ministère du Développement rural et de l'hydraulique : « Stratégie Nationale en matière de Banques de Céréales Villageoises » (Direction de l'Agriculture, 1992).

Par ailleurs, dans un des villages enquêtés, l'activité de stockage de céréales, menée traditionnellement par les femmes à partir de cotisations propres, a été totalement récupérée par les hommes depuis l'arrivée du projet et la mise en place d'un fonds d'appui pédagogique. Cette situation est assez préoccupante, car la gestion commune des stocks de céréales offrait aux femmes une opportunité de se regrouper, de discuter et de s'entraider.

Les situations analysées dans les « projets généraux » montrent, si besoin est, que l'égalité de chance et de bénéfice n'est pas acquise d'office, simplement parce qu'énoncée dans un document quelconque.

La possibilité qu'ont les femmes de bénéficier des actions dépendra largement de la place qui leur est effectivement faite et de la prise en considération de leurs rôles, de leurs contraintes et de leurs spécificités. Autrement, les impacts négatifs (charge de travail accrue, diminution des revenus propres, récupération des activités par les hommes...) et les risques d'exclusion des femmes marginalisent les bénéfices que la communauté auraient pu tirer des activités de développement.

4.2 Les projets à composante « femmes »

Ce type de projet comprend un volet d'activités spécifiques pour les femmes. Comparativement aux « projets généraux » les femmes sont assurées d'avoir accès aux principales activités de formation et d'information ainsi qu'à une partie des ressources du projet. Cependant, les bénéfices qu'elles peuvent tirer des activités sont subordonnées à une bonne conception de la « composante femme » et à une définition correcte de la stratégie de participation des femmes.

Dans le cadre du Programme ACOPAM, le cas retenu est celui du projet MLI/005 : « Appui à la coopérative des pêcheurs de Faraba », dont les principales activités sont axées autour de la formation, de l'organisation coopérative et de l'auto-financement.

La première remarque que l'on peut faire a trait à l'allocation des ressources financières au sein de la coopérative. Les hommes ont pu bénéficier d'un fonds initial d'un million huit cent mille (1 800 000) FCFA pour les crédits filets ; et les femmes ont perçu un fonds initial de trois cent trente cinq mille (335 000) F CFA pour leurs activités de commercialisation. Cette allocation initiale des ressources ne se justifie pas par les capacités des hommes à mieux gérer le crédit ou par les besoins économiques faibles des femmes. L'expérience a montré que les femmes ont pu développer, à partir du fonds initial, une capacité d'auto-financement de leurs activités économiques, ce qui est loin d'être le cas pour les hommes.

La participation des femmes aux organes de gestion et aux prises de décisions de la coopérative a connu une évolution. En effet, au début de leur intégration dans la coopérative, seule une représentante désignée siégeait au sein du conseil d'administration. Les femmes présentes aux assemblées générales ne prenaient pratiquement jamais la parole pour exprimer leurs points de vue ou formuler leurs revendications. Cependant, les efforts menés par l'équipe du projet pour organiser les femmes en tant que groupe ayant des spécificités et des intérêts communs, la multiplication des formations et le fait qu'elles contribuent de plus en plus aux charges institutionnelles de la coopérative ont renforcé leur participation dans les prises de décisions. Aujourd'hui, elles sont bien informées de l'évolution de la coopérative, participent à travers leurs déléguées aux prises de décisions et ont beaucoup plus de pouvoir sur la gestion de leur crédit.

L'enseignement tiré de ce projet est que le plus souvent les femmes ont besoin de recevoir une formation compensatrice, de renforcer leur confiance en elles, de prendre davantage conscience de leurs droits avant de pouvoir assurer un rôle décisionnel au sein des organisations mixtes.

4.3 Les projets spécifiques pour les femmes

Les femmes sont la cible principale et prioritaire de ces projets qui ont souvent l'avantage d'offrir des services répondant spécifiquement aux besoins des femmes et prenant en compte leurs contraintes. Dans le cadre de tels projets, les femmes ont plus de possibilités de prendre des initiatives et des décisions, d'assumer leur rôle de leaders et de renforcer leur confiance en elles. Il va sans dire que ces atouts ont pour corollaire le risque de maintenir les femmes dans des activités économiques marginales et de ne pas prendre en compte la problématique du renforcement de leur participation aux prises de décisions communautaires.

Le Programme ACOPAM comporte deux projets spécifiques pour les femmes, NER/003 : « Accès des femmes aux ressources économiques par la relance du petit élevage domestique » dans la zone de Maradi et, BKF/007 : « Accès des femmes aux revenus par le système de crédit/épargne » dans les zones de Koudougou et de Réo, qui mettent un accent particulier sur le renforcement des capacités organisationnelles des femmes et l'autogestion de leurs activités de crédit.

Dans la zone de Maradi, les femmes ont traditionnellement peu de possibilité de se réunir entre elles et les rapports de pouvoir sont très hiérarchisés. Aussi, l'organisation des femmes autour de l'activité de crédit est non seulement complexe mais requiert beaucoup de temps.

Au regard du faible taux de formation des femmes, l'équipe du projet a dû centré ses efforts sur l'alphabétisation fonctionnelle afin de conduire les groupements féminins vers une autogestion de leurs activités de crédit et de rendre les membres des organes élus plus autonomes vis-à-vis des hommes de leur communauté.

Cependant, pour ne pas marginaliser les actions des femmes au sein de la collectivité, les hommes sont associés aux principales réunions des groupements féminins par le biais des représentants coutumiers, religieux et des organisations villageoises.

Dans la zone de Koudougou, le projet a conduit les femmes à bâtir leur propre stratégie d'implication des hommes. Ceux-ci, associés étroitement aux actions en tant que membres des organes consultatifs, jouent un rôle d'appui non négligeable. Il ne fait pas de doute qu'ils ont tendance à influencer les décisions des femmes en ce qui concerne l'évolution du système de crédit et même en ce qui a trait à l'organisation. Malgré leur plus large autonomie, les femmes sont encore tributaires des décisions des hommes et notamment de ceux qui détiennent le pouvoir au sein de leur communauté.

Cependant, le développement du système de crédit et des structures inter-villages, la nécessité de négocier avec les autorités, les structures d'encadrement et les institutions financières, s'accompagnent sans conteste du renforcement de la confiance en soi des femmes et de l'émergence de véritables leaders féminins.

Ces deux projets spécifiques pour les femmes montrent qu'il est nécessaire de renforcer leur capacité et leur confiance en elles, tout en sachant que l'évolution des rapports sociaux est un processus à long terme qui ne peut être enclenché que par les populations elles-mêmes en fonction de leurs aspirations.

En conclusion, nous voulons souligner que, les femmes étant des agents actifs du processus de développement et de transformation sociale, une attention particulière doit leur être portée en raison de leurs contraintes spécifiques. Une participation renforcée des femmes aide à :

* Améliorer leurs conditions de vie,
* Renforcer leur accès et augmenter leur contrôle sur les ressources et bénéfices,
* Relever leur statut social.

La non-participation des femmes dans l'identification des projets a le plus souvent des répercussions négatives qui affectent gravement leurs conditions de vie et/ou leur statut.

TROISIÈME PARTIE

RECOMMANDATIONS POUR UNE AMÉLIORATION DES CONDITIONS DE VIE ET DU STATUT DES FEMMES

Introduction

En région sahélienne, l'agriculture reste la principale forme de production, et les femmes constituent la majorité de la main-d'oeuvre agricole. Les changements importants qui sont survenus dans l'agriculture, et notamment l'introduction des cultures marchandes et la priorité qui leur a été donnée, ont conduit à une modification des conditions d'accès à la terre, des méthodes de production et de la division sexuelle du travail.

Dans ce contexte, où l'environnement économique conduit à une plus grande pauvreté des populations rurales, on observe une large « féminisation » de la pauvreté. Si les hommes voient bien souvent leur autorité limitée, ils bénéficient encore des structures patriarcales du ménage et de l'autorité sur le travail des femmes. Et, lorsque la situation économique de la famille devient difficile, le surcroît de travail retombe beaucoup plus sur les femmes, qui doivent assurer l'alimentation familiale tout en accomplissant les tâches les plus lourdes.

Les données recueillies lors des enquêtes montrent que parmi les bénéficiaires des programmes de développement, les femmes demeurent les plus défavorisées. Cependant, la recherche de données sur les relations hommes/femmes, le « dialogue participatif » développé avec les populations mettent en exergue les possibilités de transformation des rapports sociaux vers plus de justice et d'équité.

1
Recommandations générales

Les politiques et programmes de développement initiés dans le Sahel mettent l'accent sur la participation des femmes au processus de développement, sans que cela se traduise par des actions de formation sur les méthodes et les outils susceptibles d'aider les cadres et les agents à mettre en pratique les orientations formulées en faveur des femmes.

Cependant, la mise en place de nombreuses structures d'intégration des femmes au développement dans tous les pays du Sahel est un signe encourageant pour le renforcement de la participation de celles-ci au processus de développement socio-économique.

En ce qui concerne plus précisément le Programme ACOPAM, la volonté d'introduire le concept de « Genre » dans sa stratégie est une opportunité d'accroître l'information et la formation de ses partenaires, de développer les outils et méthodologies adaptés aux réalités de ses zones d'intervention.

Pour renforcer les efforts des intervenants en vue d'une meilleure participation des femmes au processus de développement, il faudrait, au niveau global :

* Poursuivre les différentes réflexions et études sur l'approche GED, afin d'affiner son application au contexte sahélien ;
* Définir les stratégies à mettre en place et identifier les actions à entreprendre pour traduire dans des actes la volonté de renforcer la participation des femmes ;
* Renforcer l'élaboration, la production et la diffusion de documents adaptés aux réalités et aux spécificités des femmes ;
* Mettre en place des modalités de concertation et d'échanges d'informations sur l'évolution des interventions en faveur des femmes ;
* Élaborer des outils et des mécanismes de suivi/évaluation spécifiques qui prennent en compte les relations femmes/ hommes ;

* Développer la formation et l'information sur l'approche GED à l'attention des intervenants ;
* Désagréger par sexe et diffuser systématiquement les statistiques recueillies lors des études de milieu et des évaluations.

2
Recommandations spécifiques

Il a été retenu de mettre l'accent sur les principales activités, initiées en matière de développement, dans les différentes communautés cibles des enquêtes : la formation, les périmètres irrigués, la gestion du terroir, les banques céréalières et le financement à la base.

2.1 La formation

De manière générale, la formation est un facteur important du processus de développement socio-économique d'une nation. En Afrique, notamment en zone rurale, les femmes ont moins d'opportunité que les hommes de bénéficier de formation. La majeure partie des programmes/projets de développement mettent un accent particulier sur la formation. Cependant, les femmes en raison de leurs nombreuses contraintes sociales, économiques et culturelles en bénéficient moins que les hommes.

Développer des programmes de formation en direction des femmes permet d'améliorer non seulement leur niveau de vie mais aussi leur situation. En effet, la formation peut leur permettre de bénéficier des innovations, perfectionner leurs techniques de production, renforcer leur capacité à répondre aux opportunités du marché, augmenter leurs revenus, améliorer leur santé et celle de leur famille, gérer leurs ressources, renforcer leur participation aux prises de décisions... Les programmes de formation doivent répondre aux besoins des femmes, leur offrir l'accès à des qualifications leur permettant d'accroître leur productivité et leur revenus, leur faire prendre conscience des différentes opportunités qui s'offrent à elles et les amener à exploiter ces atouts.

Toutefois, pour que la formation en direction des femmes ait le maximum d'impact, il est particulièrement important que le contenu du programme, le temps, la durée et le lieu de formation soient adaptés à leurs différentes contraintes et responsabilités. Il s'avère nécessaire d'atteindre les femmes sur leur lieu de résidence mais aussi, de tenir compte de leurs obligations dans la fixation de la durée des cours.

2.2 Les périmètres irrigués

La présente analyse et d'autres études menées dans le Sahel montrent que les femmes désirent le plus souvent accéder à l'agriculture irriguée non seulement pour « remplir leur grenier », mais aussi pour augmenter leurs revenus monétaires afin de faire face à leurs diverses contraintes socio-économiques et améliorer leurs conditions de vie et celles de leur famille.

Les périmètres irrigués n'augmentent pas nécessairement et systématiquement les revenus monétaires des bénéficiaires, il convient, entre autres :

* De s'assurer que les femmes bénéficieront de l'accès à la terre, de l'appui des hommes pour les gros travaux d'aménagement ; qu'elles sauront négocier une redistribution de leur temps de travail et en aménager la répartition entre leurs tâches de production et leurs tâches ménagères ;
* D'identifier les possibilités de diversification des activités économiques, d'étudier leur rentabilité et leur viabilité ainsi que les possibilités, les contraintes et les capacités des femmes à y participer ;
* De renforcer la capacité organisationnelle des femmes en appuyant leur propre cadre de concertation et d'échange ; il serait bon de faire le lien avec les organisations des hommes et celles du village ;
* D'impliquer les femmes qui travaillent dans les périmètres irrigués familiaux dans les diverses séances de vulgarisation agricole ;
* De mettre en place des programmes de formation destinées aux femmes ;
* D'étudier les possibilités et les modalités de recruter des animatrices/formatrices féminines pour développer les diverses actions de formation, d'alphabétisation et de vulgarisation en faveur des femmes.

2.3 La gestion des terroirs

Les femmes étant fortement impliquées dans l'utilisation des ressources naturelles, il convient de renforcer leur participation aux différentes prises de décisions concernant leur gestion.

Aussi, peut-on formuler les quelques recommandations suivantes :

* Consolider et renforcer les organisations de femmes, appuyer leurs liens avec les organisations existantes ;
* Associer les femmes aux différentes sessions de formation en gestion de terroirs, ainsi qu'aux différents cadres de concertation mis en place ;
* Déterminer avec elles les possibilités de gérer de manière rationnelle et pérenne les ressources naturelles qu'elles utilisent ;
* Soutenir les initiatives des groupements féminins en appuyant leurs activités et efforts d'auto-financement ;
* Impliquer les femmes dans la mise en oeuvre de moyens techniques aptes à protéger l'environnement (par exemple : « les foyers améliorés ») ;
* Prendre en compte dans la gestion des terroirs l'approche « genre » et l'intégrer dans les différents programmes de formation.

2.4 Les banques céréalières

En zone sahélienne la sécurité alimentaire revêt une importance particulière, notamment dans le monde rural. En effet, tous les individus n'ont pas encore la possibilité matérielle et/ou économique d'avoir accès aux produits de base nécessaires à la satisfaction de leurs besoins alimentaires essentiels.

Les femmes, de par leurs responsabilités, jouent un rôle particulier en matière de sécurité alimentaire. Aussi, dans la mise en place des banques céréalières villageoises, est-il particulièrement important :

* D'identifier les domaines d'activités où les femmes jouent un rôle significatif, par exemple dans les cultures vivrières, la conservation, la transformation et la commercialisation des produits agricoles... et de déterminer les contraintes qu'elles rencontrent ;
* D'examiner les mesures propres à réduire ces contraintes et à renforcer les capacités des femmes dans les domaines d'activités concernés ;
* De développer des programmes de formation adaptés à leur besoin en matière de sécurité alimentaire ;
* De soutenir les « banques céréalières féminines » et renforcer leur capacité de négociation avec les structures du marché (commerçants, banques, structures d'appui...) ;
* De stimuler l'insertion des banques céréalières féminines dans les différentes organisations fédératives régionales et/ou nationales et, dans les activités nouvelles en matière de sécurité alimentaire, telles que les « Bourses de Céréales ».

Pour ce qui est plus particulièrement des « stratégies nationales en matière de banques céréalières » mises en place dans plusieurs pays de la sous-région, elles doivent prendre en considération les contraintes, les capacités et les besoins spécifiques des femmes en matière de sécurité alimentaire. N'oublions pas que les femmes et les enfants sont les plus vulnérables aux calamités cycliques, et qu'il est fondamental de les appuyer dans leur stratégie de survie, afin de les rendre moins désarmés lors des pénuries alimentaires : périodes de soudure, de sécheresse, de détérioration des cultures...

Ces stratégies doivent favoriser l'accès des femmes aux moyens adéquats de production, de formation, d'information, afin qu'elles puissent jouer pleinement leurs fonctions et d'assumer leurs responsabilités.

2.5 Le financement à la base

En Afrique sahélienne, l'accès des femmes aux ressources financières est particulièrement limité. Les pratiques traditionnelles de mise en commun des ressources — les tontines par exemple — tentent de pallier l'insuffisance de leurs moyens de financement.

Cependant, ces pratiques de mobilisation des ressources financières drainent le plus souvent, notamment en milieu rural, une épargne assez faible servant surtout à résoudre des besoins de première nécessité et/ou à faire face à des obligations sociales. La nécessité de répondre aux besoins financiers des populations rurales conduit nombre d'intervenants à mettre en place des systèmes alternatifs de financement.

Pour que de tels systèmes bénéficient aux femmes en contribuant au renforcement de leurs activités économiques et à l'augmentation de leurs revenus, il est recommandé de :

* Déterminer les besoins des femmes, leurs capacités et leurs contraintes spécifiques en matière de financement ;
* Définir avec elles le système financier le plus adéquat en fonction de leurs activités et de leurs obligations économiques ;
* Renforcer leur capacité de gestion, d'organisation et de négociation à partir de programmes appropriés ;

* S'assurer dans le cadre de systèmes financiers mixtes que les règles mises en place ne pénalisent pas l'accès des femmes au crédit et qu'elles offrent un avantage égal aux femmes et aux hommes ;
* Soutenir les efforts pour rendre les associations féminines autonomes et viables (sur le plan financier et organisationnel) ;
* Appuyer par des formations les capacités de production des femmes et les aider à développer de nouvelles activités économiques génératrices de revenus conséquents ;
* Encourager les liens entre les structures financières non formelles et les institutions bancaires, en apportant une attention soutenue aux organisations de femmes.

Le Programme ACOPAM ayant une riche expérience en matière de financement à la base, il serait intéressant de mener une étude des différents systèmes qui prendrait en compte les bénéfices que les femmes et les hommes en tirent, et qui ferait une analyse comparative des coûts/avantages ventilés par sexe. Cet exercice serait une contribution importante à la réflexion en matière d'approche « genre et développement ».

D'autre part, la mise en place de trois différents projets de « petits crédits pour les femmes », offre une expérience considérable à capitaliser ; elle pourrait mettre en exergue les difficultés rencontrées, les contraintes pesant sur les femmes et leurs capacités en matière de financement.

Conclusion

Dans la situation socio-économique difficile que traversent les pays du Sahel, la femme est la première garante de la « survie » familiale. Conscientes de leur rôle de « gardiennes de la cellule familiale » et sans rejeter aucune de leurs multiples obligations, les femmes aspirent à un meilleur bien-être, à de nouvelles formes de solidarité, à une reconnaissance accrue de leur statut.

Femmes et hommes veulent améliorer leurs conditions de vie et tentent de réduire les inégalités. De nouveaux espaces de négociation et de dialogue se créent ; ces nouvelles formes de partenariat qui s'amorcent sont soutenus par l'émergence des processus de démocratisation, le renforcement de la société civile, l'adoption de nouvelles lois et de politiques plus équitables...

Dans ce contexte évolutif, les projets/programmes de développement doivent contribuer à renforcer ces processus déterminés par les populations elles-mêmes. Chacune de leur action doit être une opportunité pour encourager une compréhension commune entre l'ensemble des groupes de la communauté, et entre les femmes et les hommes. En effet, seuls les femmes et les hommes peuvent, dans la communauté, modifier les relations qui existent entre eux. Il convient de les appuyer dans l'accroissement de leurs capacités et dans la clarification de leurs options, en leur offrant l'espace et le soutien dont ils ont besoin et en ayant confiance en leurs possibilités et en leurs capacités d'initier les transformations économiques et sociales.

Les différents outils de l'approche GED ont permis à travers des éléments tels que la division sexuelle du travail, l'accès et le contrôle des ressources et des bénéfices, les besoins et les intérêts stratégiques, les facteurs d'influence et la participation, d'examiner les relations qui existent entre les femmes et les hommes des communautés étudiées.

La méthodologie de collecte de l'information, différenciée selon le sexe, permet de mesurer de manière plus exacte les contributions économiques des deux groupes, de déterminer leurs responsabilités respectives et d'identifier leurs besoins et leurs contraintes spécifiques ainsi que les intérêts qui leur sont communs.

Ce système de collecte de données facilite l'analyse par genre de la participation économique et sociale, permet l'identification des problèmes et l'élaboration de programmes plus appropriés à l'ensemble des groupes de la communauté.

Alors que la contribution économique des femmes sahéliennes est de plus en plus importante, il y a de grandes disparités d'accès aux ressources économiques entre elles et les hommes.

L'analyse montre que les femmes rurales participent à la quasi-totalité des activités économiques. La prise en considération du·profil d'activités économiques des femmes et des hommes permet une meilleure planification des actions de développement, en faisant ressortir les difficultés et les obstacles que rencontrent les différents groupes dans l'augmentation de leur productivité, l'amélioration de leurs revenus et conditions de vie.

La double charge de production et de reproduction qui repose sur les femmes en général, et plus spécifiquement sur les femmes rurales du Sahel, est souvent un facteur de surcharge de travail et d'inégalité sociale. La question du temps s'avère particulièrement importante pour ces femmes : temps pour se former, s'organiser, développer leurs activités économiques. L'allégement des tâches des femmes rurales est fondamental dans l'amélioration de leurs conditions de vie.

L'analyse fait aussi ressortir un besoin d'équité, entre les femmes et les hommes, dans l'accès aux ressources communautaires et leur contrôle. De nombreuses contraintes socio-économiques limitent les possibilités des femmes d'accéder à la formation, à la terre, au crédit, aux techniques de production.... Les interventions en matière de développement, pour prendre en considération les besoins des femmes, doivent au préalable identifier leurs contraintes afin de les intégrer dans leur planification.

L'intégration pleine et entière des femmes au processus de développement nécessite de renforcer leur participation aux prises de décisions communautaires ; les projets et programmes de développement ont un grand rôle à jouer dans cette participation des femmes et dans l'amélioration de leur statut social, en répondant non seulement à leurs besoins réels mais aussi en suscitant leur implication dans l'ensemble des actions entreprises.

Toutefois il est utile, voire fondamental — lors de la définition des politiques de développement ainsi qu'à tous les stades de l'exécution des projets/programmes d'action — d'analyser de manière systématique les relations entre les femmes et les hommes.

En prenant en compte les besoins et intérêts de la communauté, il importe de veiller à ce que ceux de femmes y soient bien intégrés ; il faut que les actions de développement « maximisent » les chances des femmes, en multipliant leurs participations aux formations et aux prises de décisions, en les aidant à accroître leur confiance en elles-mêmes et leur crédibilité.

Il ne suffit pas d'inclure simplement les femmes dans des programmes déjà existants ; il faut structurer les stratégies et adapter les appuis en fonction de leurs ressources, de leurs possibilités, de leurs capacités et de leurs contraintes spécifiques. Il faut s'assurer que les actions entreprises leur apportent des qualifications utiles, augmentent leur rentabilité, améliorent leur état sanitaire et nutritionnel, accroissent leurs investissements et leurs bénéfices...

L'approche GED offre des outils pour la définition d'actions dont la mise en oeuvre pourrait améliorer, de façon substantielle, l'apport des femmes aux activités de développement et le partage équitable de ses résultats.

Annexes

Annexe 1

Localisation des zones d'enquête

MAURITANIE
SÉNÉGAL
MALI
NIGER
BURKINA FASO

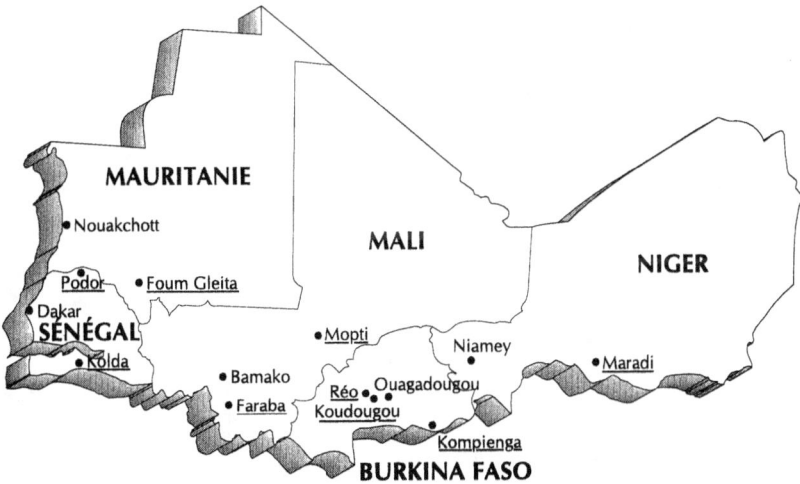

MAURITANIE

• Nouakchott

MALI

NIGER

Podor • Foum Gleita

• Dakar
SÉNÉGAL

• Mopti
Niamey

• Kolda

• Bamako
Réo • Ouagadougou
• Maradi

• Faraba
Koudougou

Kompienga

BURKINA FASO

Légende

- Bamako : Capitale du pays
- Faraba : Zone d'enquête

Annexe 2

Caractéristiques démographiques
et économiques des pays des zones d'enquête

PAYS	POPULATION (en millions d'habitants)	POPULATION (%)(1991)		PRODUCTION AGRICOLE (%) DANS PIB (1991)	PIB réel par habitant ($ ajusté) (1991)
		URBAINE	RURALE		
BURKINA FASO	9,5	17	83	44	666
MALI	9,8	25	75	44	480
MAURITANIE	2,1	50	50	22	962
NIGER	8,3	19	81	38	542
SÉNÉGAL	7,8	41	59	20	1 680

PAYS	IDH	RANG IDH **	TAUX D'ALPHA-BÉTISATION DES ADULTES (% pop. + de 15 ans) (1992)			NOMBRE MOYEN D'ANNÉES D'ÉTUDES (pop. de + de 25 ans) (1992)			MAIN-D'OEUVRE FÉMININE EN % MAIN-D'OEUVRE TOTALE 1990-92
	VALEUR		T *	F	H	T	F	H	
BURKINA FASO	0,208	172	20	10	31	0,2	0,2	0,3	49
MALI	0,214	167	36	27	46	0,4	0,1	0,7	16
MAURITANIE	0,254	158	35	22	48	0,4	0,1	0,7	22
NIGER	0,209	169	31	18	44	0,2	0,2	0,4	47
SÉNÉGAL	0,322	143	40	26	55	0,9	0,5	1,5	26

Légende : IDH : Indicateurs du Développement Humain (1992)
* : T : Total   F : Femmes   H : Hommes
** Rang établi sur 173 pays

Source : « Rapport mondial sur le développement humain 1994 » (Publié sous la direction du PNUD par Économica, Paris, 1994).

Annexe 3

Paroles de femmes

Nous livrons quelques « paroles » de femmes recueillies au cours de nos enquêtes ; elles montrent « l'image » de soi des femmes et nous paraissent intéressantes.

Femmes et coutumes

« Avant, certaines activités nous étaient interdites. Maintenant nous pouvons nous y adonner et faire toutes les spéculations agricoles... Cela augmente nos revenus et nous permet d'améliorer le bien-être de nos enfants... Nous avons plus de pouvoir de discuter et de « négocier » avec les hommes... »

« Nos filles meurent moins du fait de l'excision. Nous ne sommes plus dans la crainte de les voir « partir » après l'excision. Elles accouchent mieux... »

« Nos filles sont beaucoup plus libres que nous et c'est une bonne chose qu'elles puissent choisir l'homme avec qui elles vivront... Nous ne les marions plus dès leur jeune âge... Quand nous en avons les moyens nous pouvons scolariser nos filles... »

Femmes et associations

« En nous associant, nous regroupons nos forces : une seule main ne ramasse pas la farine, ... Nous pouvons mieux travailler, appuyer notre village... Nous renforçons nos avantages, nous pouvons réaliser des projets, nous entraider ... Les hommes n'aiment pas toujours que nous nous regroupions car nous devenons plus fortes, nous progressons... »

Femmes et terre

« Nous n'avons pas le droit de posséder de la terre... Mais si nous en avions, nous pourrions mieux nourrir notre famille, accroître son bien-être. Nous pourrions investir dans la terre, l'entretenir, y planter des arbres... Actuellement, nous utilisons la terre qui nous est prêtée, jusqu'à l'appauvrir ; nous ne voulons pas l'enrichir puisqu'elle ne nous appartient pas et elle peut être reprise à tout moment... Pour nourrir notre famille, nous voulons nous aussi posséder de la terre, agrandir nos champs. Si nous avions des terres nous pourrions bénéficier de la vulgarisation agricole... On dit que les coutumes ne veulent pas que les femmes aient de la terre, mais les coutumes disent aux femmes de nourrir la famille... »

Femmes et gestion du terroir

« Nous ne participons pas à la gestion du terroir ... Pourtant nous utilisons ses ressources... Si l'on ne nous associe pas, il sera difficile de lutter contre leur dégradation... Les problèmes du terroir nous concernent, nous devrions être impliquées dans les décisions qui se prennent, être mieux informées des actions à promouvoir pour protéger l'environnement ».

Femmes et décisions communautaires

« Nous n'y participons pas... Les femmes n'ont pas la parole... Pourtant nous avons des idées qui seraient intéressantes à partager avec les hommes... À deux, l'on construit mieux... Si nous étions associées aux décisions, il y aurait des changements... Nous faisons nous aussi partie du village, ses problèmes nous concernent... L'on ne doit pas toujours décider pour nous... Aujourd'hui nous pouvons « compléter » les hommes... Pour le moment nous sommes soumises, non ?... »

Femmes et formation

« Nous devons bénéficier de formations pour acquérir de nouvelles techniques, mieux comprendre le monde, avoir de nouvelles connaissances, augmenter notre savoir et nos revenus, mieux réaliser nos activités... La formation nous permet de nous émanciper ».

Femmes et démocratie

« Nous pouvons maintenant aller voter... élire des femmes qui nous comprendront... participer au choix des responsables qui vont diriger le pays... Lorsque les hommes font leur campagne ils doivent aussi s'adresser à nous et nous proposer des solutions à nos problèmes... Mais souvent après, ils oublient... Nous devrions peut-être n'élire que des femmes... »

« Nous n'avons plus peur de dire ce que nous pensons. Nous pouvons nous exprimer sur ce qui nous concerne et demander que cela soit pris en considération... »

Annexe 4

Présentation des projets ACOPAM intervenant dans les zones d'enquête

MALI

* MLI/005 : Appui à la structuration des organisations de pêche

Couverture géographique : Lac de Sélingué

Bénéficiaires : 161 bénéficiaires directs (85 femmes et 76 hommes) répartis en trois campements de pêcheurs, autour du lac.

Ce projet apporte un appui à la coopérative mixte des pêcheurs de Faraba (cercle de Yanfolila, région de Sikasso) en matière d'organisation, de formation et de financement des activités (crédit matériel et crédit commercialisation). Dans leurs activités, les pêcheurs du lac Sélingué sont confrontés à des problèmes : structuration insuffisante des coopératives, faiblesse dans la gestion, rentabilité incertaine des activités de pêche soumises à des contraintes techniques, financières et environnementales, taux d'alphabétisation peu élevé, marginalisation des femmes dans les processus de prise de décision.

Le projet apporte son appui à l'alphabétisation, à la consolidation des capacités des pêcheurs en gestion, à la professionnalisation des groupements de pêcheurs pour une meilleure valorisation des ressources halieutiques du lac de Sélingué. Le projet met l'accent sur le renforcement du rôle des femmes, notamment dans les prises de décision en matière de transformation et de commercialisation des produits de la pêche.

* MLI/009 : Diffusion de méthodes de gestion participative des périmètres irrigués et des activités économiques de type « développement local »

Couverture géographique : Mopti et le delta intérieur du fleuve Niger, le plateau Dogon, cinq villages aux environs de Kayes.

Bénéficiaires : Plus de 35 organisations paysannes regroupant près de 5 000 hommes et femmes.

Le projet est le résultat de la mise en oeuvre des acquis méthodologiques testés et validés dans trois anciens projets ACOPAM au Mali, liés aux thèmes suivants : autogestion des périmètres irrigués villageois (PIV), boisement de protection et de production, gestion des terroirs villageois. Il s'agit de consolider les acquis obtenus avec ces projets : sécurisation alimentaire, stabilisation spatiale des populations.

Les activités se concentrent actuellement sur :
— la consolidation des acquis en alphabétisation fonctionnelle et en formation,
— la professionnalisation de la gestion,
— la structuration des PIV en unions, pour leur permettre de résoudre les problèmes d'approvisionnement, d'entretien des équipements et de commercialisation,

— la diversification des activités au-delà des périmètres irrigués : exploitation des boisements de production, maraîchage, élevage ...,
— le développement d'associations féminines de crédit,
— l'amélioration de la gestion des terroirs et de l'irrigation (puits, barrages, ...)

BURKINA FASO

* BKF/007 : Promotion des activités économiques des femmes par le développement du petit crédit

Couverture géographique : 10 villages des provinces de Boulkiemdé et de Sanguié.

Bénéficiaires : 3 360 femmes.

La difficulté d'accéder à des services financiers appropriés a été identifiée comme une des entraves majeures au développement des activités économiques menées par les femmes des provinces du Sanguié et du Boulkiemdé, au Burkina Faso.

Le projet BKF/007 a mis en place un système de crédit/épargne adapté aux besoins des femmes et géré par elles. Les femmes se réunissent au niveau d'associations villageoises rassemblant de petits groupes de caution solidaire. Les associations villageoises de crédit sont structurées par province, au sein de structures intervillageoises de crédit.

Le projet apporte son appui à la consolidation de ces structures intervillageoises, de manière à permettre l'appropriation complète du système par les bénéficiaires, l'autofinancement et l'autogestion des structures. Le projet a également facilité la reconnaissance juridique de ces structures et leur refinancement par la Caisse Nationale de Crédit Agricole.

Ce système a considérablement développé les activités économiques des femmes et amélioré leurs conditions de vie.

* BKF/008 : Appui à la mise en oeuvre de l'approche gestion des terroirs

Bénéficiaires : Les populations (autochtones, migrants, pêcheurs, agriculteurs, éleveurs, artisans, ...) de six villages autour du lac : Nabangou, Kabwanda, Oumougdéni, Sigmoghin, Napadé et Kulsomdé.

Les bénéficiaires sont les populations déplacées et regroupées autour d'un barrage de retenue alimentant une centrale hydroélectrique. La zone est le réceptacle d'une forte migration, ce qui se traduit par une augmentation des conflits éleveurs/agriculteurs/migrants/autochtones, une dégradation des ressources naturelles et, à terme, la remise en cause du bon fonctionnement de la centrale hydroélectrique.

Le projet intervient dans l'appui à la mise en place de Comités Villageois de Gestion des Terroirs, l'élaboration participative de plans de gestion des terroirs, l'intensification des systèmes de production par la vulgarisation de techniques appropriées, le développement des cultures maraîchères, la promotion d'activités féminines et de systèmes de financement.

NIGER

* NER/003 : Accès des femmes aux revenus par la relance du petit élevage domestique.

Couverture géographique : Département de Maradi, Arrondissements de Mayahi, Maradoufa et Guidan Roumdji.

Bénéficiaires : 700 femmes (membres de 16 groupements féminins)

L'objectif est l'amélioration du statut socio-économique des femmes, dans trois arrondissements du département de Maradi.

Le projet appuie les groupements féminins de la zone dans la mise en place et la gestion des activités économiques de leurs membres, l'alphabétisation et la formation, le financement de l'élevage des petits ruminants (caprins et ovins), sous forme de crédits.

Suite aux besoins identifiés par les femmes, la stratégie actuelle du projet met l'accent sur la diversification des activités économiques des bénéficiaires par l'ouverture du financement à d'autres occupations génératrices de revenus.

MAURITANIE

* MAU/005 : Appui à l'autogestion des périmètres irrigués

Couverture géographique : Sud-Est de la Mauritanie - périmètre irrigué de Foum Gleita.

Bénéficiaires : L'Union des Coopératives Agricoles de Foum Gleita (38 coopératives comptant 2 400 adhérents dont 933 femmes).

Le problème de la sécurité alimentaire des populations se pose avec acuité en Mauritanie où la superficie agricole utile est très limitée.

Foum Gleita, la zone d'intervention d'ACOPAM dans ce pays, est un site pilote où l'État Mauritanien a réalisé, avec l'appui de différents bailleurs de fonds, un barrage de retenue qui permet l'irrigation de 2 000 hectares de terres, exploités par 20 000 personnes.

Le projet a entrepris avec la Société Nationale pour le Développement Rural (SONADER) de la Mauritanie, un travail de formation à l'autogestion des périmètres irrigués et d'appui à l'organisation en coopératives des producteurs qui y sont installés.

Le projet appuie actuellement l'UCAF (l'Union des Coopératives Agricoles de Foum Gleita) qui reprend progressivement en charge l'ensemble des fonctions supportées par la SONADER : fourniture d'intrants, entretien, commercialisation, prestations de services (transport et labours).

SÉNÉGAL

* SEN/003 : Autogestion des petits périmètres irrigués villageois

Couverture géographique : Vallée du fleuve Sénégal (rive gauche), région de Saint-Louis, département de Podor, villages de Médina Ndiatbé, Galloya Peul, Aram, Mbollo Birane, Pété et Golléré.

Bénéficiaires : Sept groupements d'exploitants de petits périmètres irrigués, deux groupements maraîchers et quatre banques céréalières, soit un total de 2837 bénéficiaires dont 811 femmes.

SEN/003 a été opérationnel pendant la 3ème et 4ème phase du Programme ACOPAM. Cinq axes d'intervention (appui) ont été développés dans ce projet :

1.　Approvisionnement des petits périmètres irrigués en intrants agricoles,
2.　Commercialisation du paddy,
3.　Stockage et commercialisation des céréales (banques céréalières),
4.　Gestion de l'eau et maintenance des périmètres,
5.　Appui aux groupements maraîchers féminins.

Ces activités ont contribué à la réalisation des objectifs suivants :

- Lutte contre la pauvreté extrême et développement de la capacité productive des populations les plus démunies, notamment les femmes, sur une base équitable et durable,
- Promotion de l'autosuffisance alimentaire et renforcement de la sécurité alimentaire,
- Lutte contre la désertification et amélioration de la gestion des terroirs,
- Amélioration de la productivité des investissements par le développement des capacités d'autogestion à la base.

Le Programme ACOPAM s'est désengagé de ce projet en fin 1993.

* SEN/005 : Appui à la Stratégie Nationale en matière de banques céréalières villageoises (BCV)

Couverture géographique : Trois zones d'intervention dans trois régions du Sénégal (Louga, Kaolack, Kolda).

Bénéficiaires : Trois Unions de zone regroupant 29 BCV, 8 609 adhérents dont 2 467 femmes et 6 142 hommes.

Le projet assure un appui direct à l'Union Nationale des Banques Céréalières du Sénégal (UNBCV) dans le cadre de la mise en oeuvre de la Stratégie Nationale en matière de Banques Céréalières, pour une meilleure intégration des organisations paysannes dans les circuits locaux de collecte et de commercialisation des céréales.

L'UNBCV est composée de trois unions implantées dans trois régions : Louga, Kaolack et Kolda. Elle se propose d'assurer un appui aux Unions de zone dans l'organisation de la commercialisation de céréales et la recherche des financements nécessaires à cette activité.

Par ailleurs, le projet contribue à la formation des membres de l'UNBCV à la gestion de la commercialisation des céréales, à la négociation sur les marchés céréaliers. L'UNBCV a bénéficié dans ce cadre d'un fonds d'appui à la commercialisation des céréales et d'une aide du Fonds Commun de Contrepartie de l'Aide Alimentaire.

Annexe 5

Liste des villages enquêtés

NOM DES VILLAGES	PAYS/ZONES	NOMBRE D'ENQUÊTÉS
* HONDOU BOMO ABABER * NAMBO * AMBIRI * DIANTAKAYE * DEYBATA * TOYA * KOTAKA * BORI * BELLESAO * HONDOU BOMO KOITA * FARABA * FARABA KOURA * GOUAGALA	MALI / MOPTI ET FARABA	110 FEMMES - 110 HOMMES
*ABDALLA *BACHATT *LESEY	MAURITANIE / FOUM GLEITA	INTERVIEWS GROUPÉES
* MADINA NDIATHE * ARAM * MÉDINA MBOYENNE * SARÉ MALICK * NGAYENNE SÉNÉGAL	SÉNÉGAL / PODOR ET KOLDA	INTERVIEWS GROUPÉES + 5 FEMMES - 5 HOMMES
* VILLI * SARIA * SIGUNWUSE * DOULOU * KINTIALI * BANANTIO * BAKÉLÉTIO * WAOGHIN * SIGMOGHIN * KOMPIENGA * NABANGOU	BURKINA FASO / KOUDOUGOU ET RÉO	120 FEMMES - 120 HOMMES

NOM DES VILLAGES	PAYS/ZONES	NOMBRE D'ENQUÊTÉS
* AMOUMOUNE * DAN KOULOU * G. GAZERE * G. WARI * KIABDA * SARKIN AREWA * TCHAKE * ANGOUAL MATA * BARAKIA * LE KOCHE * GADAMBO * TODA HAOUSSA	NIGER : MARADI	120 FEMMES - 120 HOMMES

Annexe 6

Exemple de questionnaires

Nous proposons, en exemple, une typologie des questions issues des enquêtes réalisées dans les villages couverts par le projet BKF/007.

Questionnaire sur les données de base du village

Données à collecter auprès du chef de village, des notables et des membres des Comités de Village et de Gestion.

Nom du village :

1.   Nombre d'habitants : (si possible estimation par tranches d'âge)

2.   Nombre de quartiers :

3.   Nombre de concessions :

4.   Nombre de ménages :

5.   Quelles sont les ethnies du village (par ordre d'importance numérique) :

6.   Quelles sont les castes (essayez d'expliquer leur rôle) :

7.   Cocher les religions pratiquées dans le village :

   Musulmane   Catholique   Protestante   Animiste Autres

8.   Quelles sont les différentes zones d'origine des familles (villages et régions) ?

9.   Quand et comment s'est constitué le village ?

10.   Autour de quels pouvoirs la communauté est-elle organisée :

   Religieux   Traditionnel   Administratif   Autres

11.   Qui détient ces différents pouvoirs :

11-1 Religieux :

   Imam   Pasteur   Catéchiste   Féticheur   Autres

11-2 Traditionnel :

   Chef de Village   Chef de Terres   Autres

11-3 Administratif :

    Délégué   Préfet   Autres

12.   Quelles sont les relations qui existent entre ces différents pouvoirs ? Expliquez.

13.   Rencontre-t-on parfois des difficultés dans l'exercice de ces différents pouvoirs ?

14.   Comment se résolvent les conflits dans le village ? Peut-on avoir des exemples de conflits et de leur résolution ?

15.   Comment les notables jugent-ils la cohésion sociale du village :

    bonne   moyenne   mauvaise

16.   Les femmes jouent-elles un rôle particulier dans l'exercice de ces pouvoirs ? Pourquoi ?

17.   Y a-t-il dans le village une ou des familles qui détiennent un pouvoir économique particulier ?
        — en prêtant de l'argent
        — en appuyant économiquement certaines personnes démunies
        — en employant plusieurs personnes dans le village
        — en réalisant des investissements communautaires
        — autres

18.   Quelles sont les principales ressources du village ?

    Terre   Faune   Flore   Lac/barrage   Autres

19.   Qui gère ces ressources ?

20.   Les femmes participent-elles à cette gestion ? Si oui comment ? Si non pourquoi ?

21.   Y a-t-il suffisamment de terres agricoles à octroyer ?

22.   Y a-t-il des difficultés pour accéder à la terre ?

23.   Y a-t-il des difficultés d'accès à l'eau potable ?

24.   Quels sont les principaux groupes socio-économiques qui habitent le village : (donner leur pourcentage par rapport à la population globale) ?

25.   Infrastructures existantes

Nombre de puits :   Nombre de forages :
Y a-t-il :   une maternité   un dispensaire
        un poste de santé primaire   une pharmacie villageoise
        une école   un marché
        un centre d'alphabétisation   autres

À combien de kilomètres se trouvent les infrastructures inexistantes dans le village ?

26. Le village est-il accessible en toute saison ?

27. Liste des associations et groupements (modernes ou traditionnels) qui existent :

28. Quels sont les autres intervenants dans le village et que font-ils ?

Questionnaire individuel « femme »

Fiche n° 1 : Données de base sur la femme enquêtée

1. Nom et prénoms de la femme :

2. Ethnie :

3. Religion :

4. Est-elle :   Mariée   Célibataire   Divorcée   Veuve

5. Est-elle :   scolarisée   alphabétisée

6. Quel âge a-t-elle ?

7. Combien d'enfants a-t-elle ?   Garçons   Filles

8. Combien sont décédés ?   Garçons   Filles

9. Combien vont à l'école coranique ?   Garçons   Filles
                à l'école française ?   Garçons   Filles

10. Si elle est mariée, son mari a-t-il plusieurs femmes ?
    Combien ?

11. Quel est son rang dans le mariage ?

12. Son mari est-il le chef de la concession ?

13. Combien de personnes a-t-il à charge ?

14. Dans sa famille à quel âge se marient les filles et les garçons ?

15. Son mari subvient-il à sa nourriture et à celle de ses enfants tout au long de l'année ?
    S'il ne le fait pas, pourquoi ?

16. En quelle période de l'année et/ou en quelles circonstances la femme participe-t-elle à l'entretien de la famille ?

17. A-t-elle un champ personnel, de combien d'hectares ? Que cultive-t-elle sur son champ personnel ? À combien de kilomètres du village se trouve-t-il ?

18. Quelle est la superficie du champ de son mari ? Que cultive-t-il ? À combien de kilomètres du village se trouve-t-il ?

19. Si elle n'est pas mariée, travaille-t-elle sur un champ familial ou sur celui d'un membre de la famille ?

    À combien de kilomètres du village ce champ est-il situé ?

20. Combien d'heures par jour travaille-t-elle sur

    * son champ personnel ?
    * le champ de son mari (ou de la famille) ?

21. Aide-t-elle son mari dans ses activités non agricoles ? Lesquelles ?

22. Cette aide lui rapporte-t-elle un revenu en nature ou en argent ?

23. Quelles sont ses activités économiques (qui lui rapportent de l'argent) non agricoles ?

24. A-t-elle pour ses activités un appui de son mari, de ses enfants ?

25. Emploie-t-elle de la main-d'oeuvre ?

Fiche n° 2 : Division du travail

ACTIVITÉS	ADULTES		VIEUX		JEUNES		PAYÉ
	H	F	H	F	M	F	
Entretien des enfants							
Soins de santé							
Lessive, balayage							
Préparation des repas							
Collecte de l'eau/du bois							
Pilage céréales							
Agriculture de rente							
Agriculture de subsistance							
Pêche							
Gros élevage							
Petit élevage							
Cueillette							
Chasse							
Artisanat							
Emploi salarié							
Transformation des produits							
Petit commerce							
Commerce							
Production de dolo							
Thérapie traditionnelle (guérisseur)							

Cérémonies et fêtes
Activités politiques
Construction
    * école
    * dispensaire
    * mosquée
    * temple
Participation aux associations							

Fiche n° 3 : Division du travail dans l'agriculture

ACTIVITÉS	ADULTES		VIEUX		JEUNES	
	H	F	H	F	H	F
Défrichage Binage/Sarclage Labours Sélection semences Semis Fumure organique Application pesticides et engrais Récolte Transport récolte Traitement récolte Entreposage récolte Transformation récolte Conservation de la récolte Vente de la récolte						

Fiche n° 4 : Emploi du temps des femmes en toute saison

1 : Du lever de la femme à 10 heures (*Wallaha*)

_____

_____

2 : De 10 heures à 12 heures

_____

_____

3 : De 12 heures à 14 heures (*Zhouhr*)

_____

_____

4 : De 14 heures à 18 heures (*Asr*)

_____

_____

5 : De 18 heures au coucher de la femme

_____

Fiche n° 5 : Les biens que la femme possède, qu'elle loue ou qu'on lui prête

BIENS	PROPRIÉTÉ	LOCATION	PRÊT
Terre			
Petits outils agricoles (daba)			
Charrette			
Charrue			
Boeufs de labours			
Ânes			
Chevaux			
Porcs			
Petit bétail			
Gros bétail			
Volaille			
Foyer amélioré			
Vélo			
Vélomoteur			
Bijoux			
Pagnes			
Ustensiles de cuisine			
Nattes			
Matériel de dolo			
Autres			

Fiche n° 6 : Estimation des revenus des femmes

6.1. Après la dernière récolte, combien de kilogrammes (ou de *tines*) de céréales (riz, mil) a-t-elle vendus ? Combien cette vente lui a-t-elle rapporté ?

6.2. Combien de têtes de bétail a-t-elle vendues l'année dernière ?
Combien cette vente lui a-t-elle rapporté ?

6.3. Si la femme fait du petit commerce (indiquer les produits)
Combien gagne-t-elle par semaine ?

6.4. Si dans l'année elle a eu d'autres gains, il faut les citer et en donner le montant approximatif. Une liste est donnée pour indication.

6.5. Participe-t-elle à des tontines ? Si oui, combien a-t-elle reçu l'année dernière ?

Fiche n°7 : Utilisation des revenus

DÉPENSES EN	MONTANT OU QUANTITÉ
Alimentation (céréales)	
Condiments	
Soin de santé	
Habits	
Produits de toilette	
Scolarité des enfants	
Bijoux	
Dons au mari	
Dons aux cérémonies	
Assistance familiale	
Amélioration de l'habitat	
Ustensiles de cuisine	
Tontine (épargne mutuelle)	
Trousseau des filles	
Achat bétail	
Achat volaille	
Achat petits outils agricoles	
Achat intrants	
Maintenance matériel agricole	
Économie et réserve	
Autres	

Fiche n° 8 : Identification des besoins prioritaires

1.
2.
3.
4.

Fiche n° 9 : Intérêts des femmes

Pourquoi, selon l'enquêtée, les femmes ont-elles intérêt à :

9.1 s'associer ?

9.2 posséder des terres ?

9.3 participer à la gestion des terres du village ?

9.4   renforcer leur participation au sein du Comité de Gestion des Terroirs ?

9.5   se former ?

9.6   prendre les décisions concernant le village avec les hommes ?

Fiche n° 10 : Influences

En quoi les faits suivants ont-ils ou non une influence sur la vie de l'enquêtée ?

10.1   -   L'évolution des coutumes.

10.2   -   La détérioration des terres.

10.3   -   Le transfert des villages et de leur population.

10.4   -   Les migrations.

10.5   -   Les élections, la démocratie.

10.6   -   La cherté de la vie.

Fiche n° 11 : Participation aux activités du projet

11.1   L'enquêtée a-t-elle participé aux actions mises en oeuvre ?
Si oui de quelle manière ? Si non pourquoi ?

11.2   A-t-elle pu exprimer ses avis ? Comment ?

11.3   Pense-t-elle que les hommes du village ont été suffisamment impliqués dans les actions ? Justifier la réponse.

11.4   L'enquêtée est-elle membre d'un groupe solidaire ?

11.5   Si elle n'en fait pas partie que pense-t-elle de tels groupes. Sont-ils utiles pour les femmes ? Pourquoi ?

11.6.   Fait-elle partie du Comité de Village ? du Comité de Crédit ?

cela lui demande-t-il des efforts à faire ?
cela prend-t-il beaucoup de son temps ?
cela a-t-il été accepté par son mari ?

pourquoi pense-t-elle que les femmes l'ont élue ?

11.7.   Que pense-t-elle des actions menées par le projet ?

Annexe 7

Emplois du temps d'une femme et d'un homme en saison des pluies

HORAIRES	FEMME	HOMME
4 H 30 - 5 H	RÉVEIL - PRIÈRE - PRÉPARATION PETIT DÉJEUNER	
5 H - 6 H 30	PUISAGE DE L'EAU TRAVAUX MÉNAGERS SOINS AUX ENFANTS ENTRETIEN BÉTAIL PILAGE DE CÉRÉALES	RÉVEIL PRIÈRE PETIT DÉJEUNER DÉPART AU CHAMP
6 H 30 - 13 H	SUITE TRAVAUX MÉNAGERS FINITION DÉJEUNER TRAVAUX CHAMPÊTRES	TRAVAUX CHAMPÊTRES
13 H - 14 H 30	CHAUFFAGE DU DÉJEUNER DÉJEUNER RAMASSAGE BOIS MORT	DÉJEUNER REPOS
14 H 30 - 16 H	TRAVAUX CHAMPÊTRES	TRAVAUX CHAMPÊTRES
16 H - 18 H 30	TRAVAUX SUR SON CHAMP	RETOUR À LA MAISON REPOS OU PETITS TRAVAUX
18 H 30 - 20 H	RETOUR CORVÉE D'EAU ENTRETIEN PETIT BÉTAIL PRÉPARATION DU DÎNER	REPOS / LECTURE DU CORAN / CAUSERIE

HORAIRES	FEMME	HOMME
20 H - 22 H 30	DÎNER PILAGE CÉRÉALES PETITS TRAVAUX DOMESTIQUES PRÉPARATION DÉJEUNER LENDEMAIN (première phase) COUCHER	DÎNER CAUSERIES / REPOS COUCHER

Note : Cet emploi du temps type a été fourni par Zeïnabou Ouédraogo et son mari.

Annexe 8

Emploi du temps d'une femme en saison sèche

Nous présentons la journée d'une femme Mossi durant la saison sèche dans un village du Burkina Faso.

Zeïnabou Ouédraogo a environ 35 ans. Elle est mariée, a une co-épouse et quatre enfants. Sa journée ressemble à celle de la grande majorité des femmes agricultrices enquêtées.

Elle se réveille à 5 heures 30 minutes le matin : ablutions, prière... petit moment à elle avant que ne débutent ses activités.

* 6 heures 45 minutes.... 10 heures :

Elle met la bouillie du matin au feu, fait la vaisselle de la veille et commence à piler le mil pour le repas de midi puis s'en va puiser l'eau pour remplir ses canaris. Au retour, elle balaie sa case, lave ses petits enfants et s'occupe du petit bétail et de la volaille. Une fois par semaine, elle fait aussi sa lessive.

Si elle n'est pas de « tour », elle se rend directement au marché pour faire son petit commerce. Dans le cas contraire elle prépare le repas que sa fille aînée surveillera pendant qu'elle sera au marché.

* 10 heures.... 15 heures

Zeïnabou en général est au marché, sauf lorsqu'elle doit conduire un des enfants au dispensaire, se rendre à des funérailles ou à des réunions du projet.

Lorsqu'elle est de « tour », elle rentre à la maison vers 13 heures pour préparer le *tô* de la famille et servir son mari.

* 15 heures.... 19 heures

Au retour du marché, Zeïnabou se repose quelques instants en prenant son repas. Puis elle va dans son jardin maraîcher. Si elle n'a pas de repas du soir à préparer, elle y reste jusqu'à la tombée de la nuit ; sinon, elle rentre vers 18 heures.

En revenant du jardin elle ramasse le bois. S'il n'y a pas de bois aux alentours du village, elle consacrera une après-midi à cette corvée, avec l'appui de ses enfants.

* 19 heures.... 21 heures

Quand elle est de « tour », elle prépare le repas du soir, tout en transformant les céréales (décorticage, pilage, mouture du mil). Si elle a un moment à elle, Zeïnabou trouve l'énergie de tricoter ou de coudre...

* 21 heures .... 22 heures

Zeïnabou prend son repas du soir et se délasse en causant avec sa co-épouse et les enfants. Elle se couche vers 22 heures. Une journée bien remplie !

Annexe 9

Bibliographie

ACOPAM : « L'expérience du projet ACOPAM en matière de périmètres irrigués communautaires » (Document non publié, Dakar,1990).

ACOPAM : « Participation des femmes rurales aux structures de crédit » (Document non publié, Dakar, 1994).

Akpla B. : « Journée de réflexion sur l'entrepreneurship en période de crise de l'emploi » (Institut Supérieur Panafricain d'Économie Coopérative, Cotonou, 1993).

Association Québécoise des Organismes de Coopération, Conseil Canadien pour la Coopération Internationale, Centre International Match : « Un guide pratique sur les rapports femmes-hommes dans le développement » (CCCI, Ottawa, 1991).

Banque Africaine de Développement : « Politique en matière d'intégration de la femme au développement » (Abidjan, 1992).

Banque Mondiale : « L'Afrique subsaharienne de la crise à une croissance durable. Étude de prospective à long terme » (Washington D.C, 1989).

Banque Mondiale : « Policy and research », working paper : « Women in Development » (Washington D.C, 1989).

Barbedette L. et Ouédraogo J. : « Place des organisations du monde rural dans l'éclosion associative au Niger » (document non publié, Niamey, 1993).

Baroin : « Les droits sur le bétail et les rapports sociaux : le statut de la femme chez les Toubous du Niger » (University of East Anglia, Development Studies, 1981).

Bergougniou J. M. : « *Kudin mata*, l'argent des femmes » (Mission de consultation sur l'épargne et le crédit au projet OIT/NER/90/MO2, Zinder, 1992).

BIT : « Action pour l'Égalité, le Développement et la Paix » (Document préparatoire pour la Quatrième Conférence Mondiale sur les Femmes, OIT, Genève, 1993).

BIT : « Ouverture sur l'égalité des chances. Stratégie destinée à renforcer la participation des femmes dans les projets de coopération technique » (BIT, Genève, 1992).

BIT : « Le développement rural et la femme en Afrique » (BIT, Genève, 1984).

BIT : « Femmes et travail. Documents politiques sélectionnés de l'OIT » (BIT, Genève, 1994).

BIT : « Recent changes in the international standards for statistics of the economically active population » (Document préparé par le Bureau des Statistiques pour la réunion sur les statistiques de l'emploi et du chômage de l'Organisation de Coopération et de Développement Économiques, tenue à Paris les 24 et 25 Octobre 1983, Genève, 1983).

Champagne S. : « Pratiques associatives dans la ville de Ouagadougou » (Centre Sahel/Université de Laval, Québec, 1990).

Cissé I., Coulibaly O., et Sow F. : « Factibilité d'un projet féminin d'organisation d'une coopérative de pêche à Faraba, au Mali » (ACOPAM document non publié, Dakar,1990).

Coulibaly R. et Ouédraogo J. : « Femmes et activités économiques » (Solidarité Canada Sahel, Burkina Faso, 1992).

Curtis D. et al. : « Popular participation in decision making and basic needs approach to development » (BIT, Genève, 1978).

Diallo M. : « Gestion des terroirs villageois et aménagements hydro-agricoles dans la région de Mopti au Mali » (ACOPAM document non publié, Dakar, Janvier 1992).

Diallo M. : « Étude socio-économique des Périmètres Irrigués Villageois au Mali » (ACOPAM document non publié, Dakar,1990).

Diop M. et Guisset A. : « Étude socio-économique du périmètre du Gorgol à Foum Gleita en Mauritanie » (ACOPAM document non publié, Dakar, 1991).

Dixon-Meller R. et Anker R. : « Évaluation de la contribution des femmes au développement économique » (BIT, Genève, 1989).

Djibo H. : « Étude de faisabilité d'un projet féminin au Niger » (ACOPAM document non publié, Dakar, 1991).

FAO : « Les femmes dans le développement agricole. Plan d'action de la FAO » (Rome,1991).

FAO : « Politique et stratégie de développement en faveur des femmes rurales » (Rome, 1994).

FNUAP : « État de la population mondiale » (New York, 1993).

Fonds de l'Eau et de l'Équipement Rural (FEER) : « Stratégie Nationale en matière de Banques de Céréales au Faso » (FEER, en collaboration avec ACOPAM,1993).

Guèye Mb. : « Emploi et travail des femmes au Sénégal » (BIT, Genève,1994).

Isselmou M. E. M. O. : « Contribution à l'étude de l'impact socio-économique du projet Gorgol Noir en Mauritanie » (Thèse de troisième cycle en Agronomie, Institut Agronomique et Vétérinaire Hassan II, Rabat,1992).

Longhurst R. « La planification du développement et la division du travail par sexe : le cas d'un village haussa musulman » (Publié dans BIT : « Le développement rural et la femme en Afrique » (BIT, Genève, 1984).

Longwe S. : « Consultation sur les rapports femmes-hommes dans le processus de développement » (Partenariat Afrique Canada, Ottawa, 1991).

Molyneux M. dans « Études Féministes », 1985.

Moser C. : « A theory and methodology of gender planning », working paper n° 11, (University College, Londres, 1986).

Oakley P. et Marsden D. : « Vers la participation dans le développement rural » (BIT, Genève, 1986).

OUA : « Plan d'Action de Lagos pour le Développement Économique en Afrique » (OUA. Addis-Abéba, 1980).

OUA « Programme Prioritaire pour le Redressement Économique de l'Afrique, adopté par la quinzième session du Conseil des Ministres de l'OUA » (OUA, Addis-Abéba, 1989).

PNUD : « Rapport Mondial sur le Développement Humain 1994 » (Publié sous la direction du PNUD par Économica, Paris, 1994).

Overhold C., Anderson M., Cloud K. et Austin J. : « Gender roles in development projects : a case book » (Kumarian Press, West Hartford, 1985).

PNUD : « Schéma pour la préparation du programme cadre pour l'allègement de la pauvreté au Niger » (PNUD, New York,1995).

PNUD : « Programme cadre pour la promotion du développement humain au Sénégal » (PNUD, New York,1992).

Pointing J. et Joekes S. : « Les femmes dans les sociétés pastorales d'Afrique orientale et occidentale » (International Institute for Environment and Development, Londres, 1991).

République du Sénégal, Ministère du Développement rural et de l'hydraulique : « Stratégie Nationale en matière de Banques de Céréales Villageoises » (Dakar, 1992).

Schaap M. : « Avoir le crédit pour mon développement. Une recherche sur le groupe-cible du programme d'épargne et crédit pour les femmes » (projet BIT/Zinder, 1992).

Sidibé F. : « Femmes du Mali à travers les chiffres » (document non publié, Bamako, 1992).

Tarrab G. : « Femmes et pouvoirs au Burkina Faso » (Éditions L'Harmattan, Paris, 1989).

Young K. : « Women and Economic Development : Local, Regional and National Planning Strategies » (Berg Publishers limited, Oxford, 1988).

Zuidberg L. et Tall K. : « La prédiction des effets du programme de développement intégré dans les provinces du Sanguié et du Boulkiemdé sur les rapports femmes-hommes » (Institut Royal des Tropiques, Amsterdam, 1993).

Index des noms propres

www.ingramcontent.com/pod-product-compliance
Lightning Source LLC
Chambersburg PA
CBHW052210270326
41931CB00011B/2296